U0482397

新质生产力

盖凯程　韩文龙　著

中国社会科学出版社

图书在版编目(CIP)数据

新质生产力/盖凯程，韩文龙著.—北京：中国社会科学出版社，2024.1（2024.4重印）

ISBN 978-7-5227-3146-9

Ⅰ.①新… Ⅱ.①盖…②韩… Ⅲ.①生产力—研究 Ⅳ.①F014.1

中国国家版本馆CIP数据核字(2024)第014956号

出 版 人 赵剑英
责任编辑 王 衡 王 曦
责任校对 杨 林
责任印制 王 超

出 版 中国社会科学出版社
社 址 北京鼓楼西大街甲158号
邮 编 100720
网 址 http://www.csspw.cn
发 行 部 010-84083685
门 市 部 010-84029450
经 销 新华书店及其他书店

印刷装订 北京君升印刷有限公司
版 次 2024年1月第1版
印 次 2024年4月第5次印刷

开 本 880×1230 1/32
印 张 6.375
插 页 2
字 数 114千字
定 价 29.00元

序　言

2024 年 3 月 5 日，习近平总书记在参加十四届全国人大二次会议江苏代表团审议时强调，“要牢牢把握高质量发展这个首要任务，因地制宜发展新质生产力”。2024 年 1 月 31 日下午，中共中央政治局就扎实推进高质量发展进行第十一次集体学习。中共中央总书记习近平在主持学习时强调，“发展新质生产力是推动高质量发展的内在要求和重要着力点，必须继续做好创新这篇大文章，推动新质生产力加快发展”。2023 年 9 月初，习近平总书记在主持召开新时代推动东北全面振兴座谈会时强调：“积极培育新能源、新材料、先进制造、电子信息等战略性新兴产业，积极培育未来产业，加快形成新质生产力，增强发展新动能”；在听取黑龙江省委省政府工作汇报时强调，“整合科技创新资源，引领发展战略性新兴产业和未来产业，加快形成新质生产力”。习近平总书记关于“新质生产力”的重要论述，为新发展阶段全面落实创新驱动发展战略、大力推动产业结构优化升级、有效促进区域经济协调发展、加快培育战略性新兴产业和未来产业集群、大力推动经济高质量发展、加快构筑国家竞争新优势提供了根本遵循。

生产力是推动社会进步最活跃、最革命的要素。社会生产力的发展是衡量社会进步的重要标志，也是推动整个社会发展由低级到高级、由落后到先进的关键力量。新质生产力是先进生产力的重要表现形式。从理论上看，习近平总书记关于“新质生产力”的重要论述是马克思主义生产力理论在当代中国的创新与发展，也进一步丰富和发展了习近平经济思想。从实践上看，发展新质生产力是推动高质量发展和实现中国式现代化的重要实践基础。

新质生产力是一个重要的原创理念。提出新质生产力的时代背景是什么，它的理论内涵是什么，它的实践逻辑是什么，这都是摆在我们前面的重大认识问题。为此，我们充分发挥国家重点学科——政治经济学的学科优势，完成了《新质生产力》一书，从专业的角度，沿着“为什么→是什么→怎么办→重要着力点→比较与借鉴”的思路，用既专业又易懂的语言来向大众普及新质生产力这一全新理念。

新质生产力既是理论问题，也是实践问题；既是发展命题，更是改革命题。聚焦“新质生产力”这一重大理论命题和实践命题，进行体系化研究、学理化阐释和大众化传播是时代赋予我们经济学者的重大使命。西南财经大学是我国马克思主义政治经济学重要的学术研究重镇，拥有政治经济学国家级重点学科和中宣部下设的全国中国特色社会主义政治经济学研究中心等。为自觉肩负起研究使命，西南财经大学中国特色社会主义政治经济学研究团队充分发挥学科优势和平台优势，聚焦新质生产力这一重大理论命题与实践命题，做出了理论阐释和实践经验比较，希望对广大干部群众起到一定的启发作用。

由于文献资料和研究能力限制，本书可能存在的不足之处，我们也向广大读者求教，请大家给予宝贵的意见或建议！

目录

第一章 为什么？——新质生产力提出的时间轴和重大战略意义

一　时间轴

（一）新质生产力的关键时间点

新质生产力是习近平总书记在考察东北期间提出的具有深刻理论内涵和强大现实意义的全新理念，体现出习近平总书记对中国经济运行发展的远见卓识和深远洞察力，标志着对生产力本质认识的重大突破和创新，是习近平经济思想坚持把马克思主义政治经济学基本原理同中国发展实际和时代特征相结合的最新理论体现。这一理念的提出是对传统生产力概念范畴的进一步拓展和深化，旨在适应新一轮科技革命和产业变革机遇期的新形势下对现有生产力的评价和推动，更是针对未来发展的科学布局与长远指引。

2023 年 9 月 7 日下午，习近平总书记在哈尔滨主持召开新时代推动东北全面振兴座谈会时强调：

> 积极培育新能源、新材料、先进制造、电子信息等战略性新兴产业，积极培育未来产业，加快形成新质生产力，增强发展新动能。①

这一核心论述中连续五次提到“新”，尤其强调新能源、新材料、先进制造、电子信息等战略性新兴产业与传统产业发展范式的差异性与全新性，并将论述的核心支撑点落到“新动能”这一点上，明确指出新质生产力的发展目的在于增强经济运行发展的新动能，体现出这一科学论述的前瞻性、预见性和未来导向性，凸显这一论述对中国经济发展规划的中长期目标和短期目标的统筹兼顾。

2023 年 9 月 8 日上午，习近平总书记在听取黑龙江省委、省政府工作汇报时强调：

> 整合科技创新资源，引领发展战略性新兴产业和未来产业，加快形成新质生产力。②

---

① 《习近平在黑龙江考察时强调　牢牢把握在国家发展大局中的战略定位　奋力开创黑龙江高质量发展新局面》，《人民日报》2023 年 9 月 9 日第 1 版。

② 《习近平在黑龙江考察时强调　牢牢把握在国家发展大局中的战略定位　奋力开创黑龙江高质量发展新局面》，《人民日报》2023 年 9 月 9 日第 1 版。

从这一论述中不难看出，其中特别强调了重视战略性新兴产业与未来产业这两大部类产业发展所必要的支持。战略性新兴产业与未来产业二者之间存在时间维度和逻辑关系上的递进性，当前的战略性新兴产业在经过时间的发展与培育后，将会形成未来的支柱性产业，成为经济高质量发展所倚仗的核心支撑。并且特别强调在这一过程中，要充分发挥党对经济工作的全面领导作用，跨部门跨区域统筹协调来整合现阶段的科技创新资源，加快推进新质生产力的形成与发展。

2023 年 12 月 11—12 日，中央经济工作会议在北京举行。习近平总书记在会议上特别强调：

> 一是以科技创新引领现代化产业体系建设。要以科技创新推动产业创新，特别是以颠覆性技术和前沿技术催生新产业、新模式、新动能，发展新质生产力。①

这是习近平总书记自东北考察之行之后又一次在重要会议上提出要发展新质生产力，彰显了中央经济工作方向的坚定性和一贯性。在此次论述中，习近平总书记明确指出，发展新质生产

---

① 《中央经济工作会议在北京举行》，《人民日报》2023 年 12 月 13 日第 1 版。

力的实质就是要以科技创新这一抓手来加快推动产业创新、变革和发展。这一过程的关键在于牢牢把握颠覆性发展技术和前沿技术这两类核心技术，并围绕二者发展新产业、新模式、新动能。

2024 年 1 月 31 日下午，中共中央政治局就扎实推进高质量发展进行第十一次集体学习。习近平总书记在主持学习时强调：

> 必须牢记高质量发展是新时代的硬道理，全面贯彻新发展理念，把加快建设现代化经济体系、推进高水平科技自立自强、加快构建新发展格局、统筹推进深层次改革和高水平开放、统筹高质量发展和高水平安全等战略任务落实到位，完善推动高质量发展的考核评价体系，为推动高质量发展打牢基础。发展新质生产力是推动高质量发展的内在要求和重要着力点，必须继续做好创新这篇大文章，推动新质生产力加快发展。①

2024 年 2 月 29 日，习近平总书记在主持中共中央政治局会议时强调：

---

① 《习近平在中共中央政治局第十一次集体学习时强调　加快发展新质生产力　扎实推进高质量发展》，《人民日报》2024 年 2 月 2 日第 1 版。

> 要大力推进现代化产业体系建设，加快发展新质生产力。①

2024 年3 月5 日，习近平总书记在参加十四届全国人大二次会议江苏代表团审议时强调：

> 要牢牢把握高质量发展这个首要任务，因地制宜发展新质生产力……发展新质生产力不是忽视、放弃传统产业，要防止一哄而上、泡沫化，也不要搞一种模式。各地要坚持从实际出发，先立后破、因地制宜、分类指导，根据本地的资源禀赋、产业基础、科研条件等，有选择地推动新产业、新模式、新动能发展，用新技术改造提升传统产业，积极促进产业高端化、智能化、绿色化。②

综上所述，不难看出，发展新质生产力已经放在当前经济工作的核心地位，其重要性和现实性尤为突出。如果从新质生产力这一理念入手，可以清晰地梳理在中国式现代化这一进程中技术

---

① 《中共中央政治局召开会议　讨论政府工作报告　中共中央总书记习近平主持会议》，《人民日报》2024 年3 月1 日第1 版。

② 《习近平在参加江苏代表团审议时强调　因地制宜发展新质生产力》，《人民日报》2024 年3 月6 日第1 版。

创新、产业创新和经济高质量发展之间逐层演进的逻辑主线，而以新质生产力为抓手，则能够准确剖析当前加快构建新发展格局，努力实现经济高质量发展的难点、痛点和突破点。需要特别指出的是，虽然关于新质生产力的相关论述是习近平总书记在考察东北期间所提出的，但关于新质生产力的理论内涵和现实意义并不仅仅局限在一地一域，而是具有超越区域限制的正确性和科学性。事实上，习近平总书记之所以在东北提出新质生产力这一理念，正是由于新时代以来东北振兴这一区域战略的核心主线在于科技引领发展和现代化产业体系这两大领域，这体现了习近平经济思想和中国特色社会主义理论的问题导向性。

（二）新质生产力背后的时间轴

作为习近平经济思想提出的全新理念，新质生产力这一理论概念的发展本不是无根之木，而是具有严密的理论逻辑和清晰的发展脉络。事实上，需要看到的是，新质生产力不仅具有完备的科学严谨性和鲜明的实践性，其背后所折射出的深邃战略思维与科学思想方法，正在中国特色社会主义经济建设的伟大实践中展现出独特思想魅力和巨大实践伟力，为新时代高质量做好经济工作这一主线提供了必要的理论指导。

在 2021 年 3 月 11 日第十三届全国人民代表大会第四次会

议表决通过的《中华人民共和国国民经济和社会发展第十四个五年规划和2035年远景目标纲要》（以下简称《“十四五”规划纲要》）中，就用第九章来专门论述了“发展壮大战略性新兴产业”的重要性与需要开展的必要工作。而在这一章的第二节又提到需要“前瞻谋划未来产业”。《“十四五”规划纲要》中明确指出，要“着眼于抢占未来产业发展先机，培育先导性和支柱性产业，推动战略性新兴产业融合化、集群化、生态化发展”。这一章里提到的“战略性新兴产业”，包括新一代信息技术、生物技术、新能源、新材料、高端装备、新能源汽车、绿色环保以及航空航天、海洋装备等；提到的“未来产业”，则包括类脑智能、量子信息、基因技术、未来网络、深海空天开发、氢能与储能等。从《“十四五”规划纲要》来看，构成新质生产力的战略性新兴产业和未来产业的内容与路线已构建出了大致蓝图，有着严密的内涵范畴和现实的演进路线，具有高度凝练的科学性和严谨性。

2022年10月，习近平总书记在党的二十大报告中指出，“科技是第一生产力、人才是第一资源、创新是第一动力”，要大力“推动战略性新兴产业融合集群发展”。① 从党的二十

① 习近平：《高举中国特色社会主义伟大旗帜　为全面建设社会主义现代化国家而团结奋斗——在中国共产党第二十次全国代表大会上的报告》，人民出版社2022年版，第30、33页。

大报告来看，也不难发现，新质生产力的理论内涵并非无源之水，事实上，其正是贯穿当前党的经济工作主线的必由之路。“新质生产力”，起点是“新”，关键在“质”，落脚于“生产力”。生产力是什么？它是推动社会进步的最活跃、最革命的要素，是人类社会发展的最基础却也最核心的存在。社会主义的根本任务就是解放和发展生产力，因此，从这一角度出发，加快培育新质生产力不仅仅是现阶段经济工作的核心任务，更是新发展阶段中国特色社会主义发展向前的经济主线和重要任务。习近平总书记高屋建瓴地提出新质生产力，不仅点明了未来经济工作的重心和立足点，更是对中国特色社会主义经济发展的根本任务的进一步深入诠释。

综上所述，从《“十四五”规划纲要》到党的二十大精神，再到当前新质生产力这一理念的明确提出，都是紧密围绕着构建现代化产业体系与实现经济高质量发展的，而“创新”则是其中最为紧要的核心要义。新质生产力的提出，既是对原有战略性新兴产业和未来产业发展理论的高度凝练和总结，更是对当前经济工作的重点、难点和突破点的全面分析和系统总结，也是在未来经济工作中认清关键变量的必要之举。

二　重大背景

（一）新时代新征程中国式现代化的伟大历史方位

进入新时代以来，世界百年未有之大变局加速演变，国际国内发展环境发生了深刻变化，面临的严峻性、复杂性前所未有，这一变化趋势与现象既给战略性新兴产业和未来产业的发展提出新问题、带来新挑战，同时也迎来新机遇、指明新方向。

新质生产力理念的提出，是习近平总书记基于中国当前所处于推进中国式现代化这一伟大实践中，以及当前国际国内复杂发展环境下根据中国当前发展阶段与发展条件转变所作出的具有现实性、全局性以及长远性的重大战略判断。这一科学认识不仅是对新时代党和国家事业取得的历史性成就与正在发生历史性变革的唯物史观的正确认识，同时毫无疑问的是，其中深刻体现着朝着实现中华民族伟大复兴这一宏伟目标继续前进的正确方向，既是对历史大势的科学研判，也是对人类社会发展规律的准确把握。这一理念是对习近平经济思想的深化与发展，深刻反映了中国经济社会发展的新要求、新任务与新目标；是中国经济高质量发展、全面建设社会主义现代化国家的科学指引，是做好新发展阶段经济工作的正确方向所在。

首先，进入新发展阶段是中国经济发展的历史方位。在中国这样一个人口规模巨大、经济总量庞大的国家，实现社会主义现代化建设迫切需要更为先进的生产力作为经济高质量发展的坚实支撑。中国特色社会主义进入了新时代，步入了新征程，中国式现代化建设也进入了新发展阶段，在这一新的历史起点上，推动经济发展和深化改革的复杂程度前所未有。在这一过程中，需要以科技创新引领产业结构升级，带动新经济增长点不断涌现，其中核心关键就在于如何更好地积极培育和大力发展新质生产力。新质生产力体现了创新驱动发展战略的核心要义，追求的是经济发展过程中由量到质的提升，实现的是经济高质量发展的创新性、再生性、生态性、精细性、高效益，既是对可持续发展增长方式的坚定贯彻，也是构建现代化经济体系所必需的生产力。因此，新质生产力的提出和积极培育本身是针对新发展阶段经济高质量发展的深入认识。

其次，坚持新发展理念是中国经济发展的指导原则。新质生产力的培养和发展还体现了对人的全面发展的重视，能够更好地满足人民群众对美好生活的需要。随着人工智能、机器学习等技术的运用，劳动者可以从简单重复的劳动中解放出来，更多地投身于创意与创新活动，实现自我价值。新质生产力的发展理论完美诠释了新发展理念，即以创新发展解决发展动力问题，以协调发展解决发展不平衡问题，以绿色发展解决人与自然和谐问题，以开放发展解决发展内外联动问题，以共享发展解决社会公平正义问题。

最后，构建新发展格局是中国经济发展的路径选择。新质生产力的提出和积极培育，反映了对未来经济发展模式转变的深刻洞察。必须看到，当前国际循环动能减弱而国内循环活力日益强劲，国际政治经济形势日趋紧张、摩擦不断的同时不确定性增长迅速。在这一背景下，必须牢牢立足全国统一大市场这一制度性优势，打通国内经济循环体系中的难点、堵点和痛点，进而确保国民经济循环畅通，不断增强国内大循环内生动力和稳定性，不断增强对国际大循环的吸引力与推动力。而加快培育新质生产力，则能够在极大程度上补足技术短板，快速形成构建较为完备的产业配套支持体系，促进有竞争力的战略性新兴产业发展，进而实现对加快构建新发展格局的积极作用。

综上所述，新质生产力的提出和培育，在中国式现代化新征程中的战略作用是显而易见的。新质生产力的推动和演进，无疑将为推进中国式现代化建设贡献强大的内生动力，引领中国社会经济持续健康发展，助力实现中华民族的伟大复兴。

（二）新一轮科技革命和产业变革机遇期

当前，世界正在迎来百年未有之大变局，数字化浪潮席卷全球，传统产业数字化智能化升级势不可当。历次工业革命中，科学技术领域的重大突破总会带来产业变革，进而深刻改变人类的生产方式和生活方式。当前，以人工智能、新材料技术、分子工程、石墨烯、虚拟现实、量子信息技术、可控核聚变、清洁能源以及生物技术等为技术突破口的新科技革命和全球产业变革正在孕育兴起。必须认识到新质生产力是在这一全球化背景下，科技革命和产业变革加速推进的大环境下所提出的。信息化、网络化、数字化、智能化已成为当下时代发展的显著特征，传统的生产方式正在被新型的、更高效的生产方式所取代。这些新质生产力具有强大的动能，能够促进社会生产力的整体飞跃。

新一轮科技革命提供了新质生产力产生的基础。科技革命通过形成先进生产力，将为经济发展提供新的增长点，推动经济结构向更加高效、环保、智能的方向转变。当前科技革命中涌现出的一系列创新技术，为生产力实现质的飞跃提供了充分的可能。数字产业化过程中，不断迭代演进的人工智能、云计算、物联网、大数据分析、5G 通信等前沿科技的兴起与应用不仅在极大程度上提高了生产效率，还创造了全新的服务和产品，从而构建了新型的生产关系和商业模式。同时伴随数字技术与其他高精特新技术的创新，正在不断减少信息不对称问题的负面影响，使得市场经济对于资源配置更加高效，这将推动整个社会生产力发生质变。而这正是新质生产力诞生的必要技术基础。科技革命提供了关键的技术支撑和创新源泉，新质生产力则是科技成果转化为经济力量的必要载体。

产业变革机遇期则为新质生产力的发展壮大提供了必要的空间与市场。产业变革机遇期意味着传统行业将面临重构，新兴产业则迎来快速发展的窗口期，而新质生产力在这一过程中扮演着核心角色。以产业数字化为例，传统的资源导向型的产业势必通过引入先进新兴数字技术升级转化产业结构，从而改变经济增长方式，实现经济增长方式的转型发展。新质生产力正在不断促进产业结构的优化升级，为新兴产业如绿色能源、数字经济、生命科学等领域提供了强大的动力。它也推动着传统产业的数字化、网络化和智能化转型，为产业发展注入新的活力。同时，产业变革机遇期本身也会释放出可供战略性新兴产业和未来产业快速发展的市场空间，从而保障相关产业实现健康平稳发展。

（三）绿色循环低碳发展成为时代主流

随着人口增长和经济全球化，对自然资源的需求日益增长，全球各经济体对于经济发展和资源约束的矛盾已经成为显著矛盾。在这样的背景下，中国传统的高消耗粗放型经济增长方式已经不可持续，迫切需要转变经济发展方式。新质生产力的发展不仅是技术进步的有力体现，更是产业转型升级的强大驱动力。通过引入先进的生产技术和管理方法，不仅可以有效地提高传统产业的绿色化水平，更能够有力地使其向循环经济模式转变。通过智能制造减少能源的消耗和废弃物的产出，加快废旧物资的回收利用，都体现了绿色循环低碳发展的理念。

新质生产力这一论述的提出是生态文明建设的重要支撑。建设生态文明，是关系中国人民福祉、关乎中华民族未来的长远大计，是社会主义现代化建设的必要环节。新质生产力的提出，是对 2030 年前实现碳达峰，2060 年前实现碳中和的“双碳”战略的坚持和贯彻。新质生产力依靠科技创新提升生产效率，减小资源消耗和环境污染，清洁能源技术和循环经济模式为实现碳达峰和碳中和提供了必要的技术支撑。能够带动行业向低碳、清洁、可再生方向发展，将能够直接支撑“双碳”战略的实施，更好地建设社会主义生态文明。

新质生产力这一论述的提出是贯彻绿色发展理念的体现。新质生产力倡导的智能化和网络化能够有效提高资源使用效率，调整和优化产业结构，淘汰高污染高排放的行业，发展低碳环保产业并促进产业结构优化升级。同时，低碳技术的应用正是新质生产力的表现之一，这与绿色循环低碳发展理念完美契合，共同为缓解资源紧张和环境恶化问题提供了解决方案。传统工业化道路带来的高消耗、高污染等问题已经越发凸显，而转向高科技、低碳环保的新质生产力，则成为摆脱旧有束缚，实现绿色发展、循环发展、低碳发展的必然选择。这种转型是对传统工业文明的超越，意味着中国式现代化道路将更加坚实和稳健。

三　重大战略意义

（一）发展新质生产力是建设现代化强国的关键所在

在全球化和信息化日益深入的21世纪，国家之间的竞争是综合国力的竞争，而综合国力的核心关键则是生产力的发展水平。新质生产力的兴起，不仅是现代先进技术革命的产物，也是适应新时代经济社会发展需要的必然选择。发展新质生产力，对于全方位提升国家竞争力、坚实保障国家安全以及促进人民生活质量的提高具有极其突出的重要意义。新质生产力的提出既是塑造发展新动能新优势的必然要求，更是中国式现代化的关键以及核心所在。事实上，需要看到的是，发展新质生产力是夯实全面建设社会主义现代化国家物质技术基础的重要举措。因此，此时提出新质生产力本身是提纲挈领、凝聚中国式现代化经济建设工作共识的必要步骤。

发展新质生产力是坚持贯彻创新发展理念的体现。必须清醒地认识到，创新是引领发展的第一动力，而加快科技创新是推动高质量发展的必然要求。习近平总书记提出积极培育新质生产力，正是对坚持贯彻创新发展理念的体现。在加快发展新质生产力的这一进程中，必须始终坚持创新引领，实现由人才强、科技强进而到促进产业强、经济强的递进飞跃，必须要加快实现高水平科技自立自强，支撑引领经济高质量发展，从而为全面建设社会主义现代化国家开辟广阔空间。在过去的经济发展过程中，中国经济已经取得了相当瞩目的成就，但是，从创新的角度来看，仍然存在诸多隐患。诸如外贸不稳定性突增、价值链长期处于中低位、尖端技术“卡脖子”问题以及断链风险凸显等都对中国经济的安全水平和健康发展产生了一定的负面影响。这些问题都需要通过发展战略性新兴产业和未来产业来进行完善和补足，也就是通过发展新质生产力的这一路径来弥补。事实上，需要看到的是，无论是当前提振市场主体信心、改善市场结构以及稳定经济发展，抑或是在未来经济发展过程中赢得国际竞争战略主动权和经济自主权，都必须加快实现高水平科技自立自强。正如习近平总书记在 2023 年全国两会上指出的：

> 在激烈的国际竞争中，我们要开辟发展新领域新赛道、塑造发展新动能新优势，从根本上说，还是要依靠科技创新。①

发展新质生产力是以改革创新释放发展动能的有效之举。加快形成新质生产力，不仅是经济发展的核心命题，更是深化改革的关键命题，必须坚持创新驱动发展战略，以新质生产力为战略着力点，不断积极优化调整生产关系，深入推动体制机制变革，以改革创新为中国经济发展注入源源不断的动力。新质生产力能够通过技术创新激活生产力，先进科学技术促进了生产方式的根本变革，推动生产效率的显著提升，从而通过扩大生产规模降低生产成本，实现经济高质量发展。新质生产力

① 《习近平在参加江苏代表团审议时强调　牢牢把握高质量发展这个首要任务》，《人民日报》2023 年 3 月 6 日第 1 版。

也能够通过改革优化现有市场经济体系制度来实现资源的更有效配置，新质生产力通过改变原有的生产关系，得以改革破除阻碍经济健康发展的体制机制障碍，从而实现资源的最优配置水平，最终提高资源使用效率，这也将反过来为新质生产力更好地发挥作用创造良好环境。同时，新质生产力还能够通过不断的市场创新来拓宽经济发展空间，通过创新型市场机制如共享经济、平台经济等新模式，拓宽产品和服务的市场空间，从而形成经济的新增长点。需要看到的是，发展新质生产力是当今世界各国争夺未来发展先机的战略选择，而制度创新是释放新质生产力强大发展动能的根本途径。只有不断推进制度创新，才能充分激活新质生产力，实现经济持续健康发展。

发展新质生产力是积极构建现代化产业体系的必经之路。产业是生产力变革的具体表现形式，现代化产业体系发展水平是中国式现代化的重要环节，事关是否能够实现经济高质量发展。站在新起点上发展新质生产力，就是要紧紧围绕构建现代化产业体系，筑牢实体经济之基，强化创新驱动之本，激发经营主体活力，加快形成更多新质生产力，点燃高质量发展新引擎。其中产业基础能力是衡量现代化产业体系发展水平的重要指标，涵盖了要素市场发育状况、资源匹配情况和核心技术研发三大范围。产业基础能力的发展短板显然将严重影响中国产业链的韧性与安全水平，从而影响中国国家经济安全的维护与保障。顺应时代发展趋势，发展先进制造业是实现国家现代化的关键，也是塑造国际竞争优势的重要来源。当前，中国需要重点推进制造业补链强链，以实施产业基础再造工程、健全产业基础支撑体系、加强产业技术标准体系建设为着力点。通过突破数字领域关键核心技术、加快产业数字化转型、升级供应链产业链、规范平台经济健康发展和参与全球数字贸易规则制定等路径促进数字经济和实体经济深度融合。积极发展新一代信息技术、生物技术、新能源、新材料、高端装备等战略性新兴产业，加快布局类脑智能、量子信息、基因技术、未来网络、深海空天开发等未来产业，打造新型工业化关键引擎。这些举措都是积极培育和发展新质生产力的题中应有之义，可以说，要想建立健全现代化产业体系，就必须始终将发展新质生产力作为这一经济工作的主线。

（二）发展新质生产力是提升国际竞争力的重要支撑

新质生产力的提出是基于中国拥抱世界、参与国际竞争和合作的宏伟蓝图。与部分国家流行的逆全球化浪潮和正在推行的以邻为壑的经济增长道路不同，中国始终是全球化最坚定的支持者，致力于维护国际社会共同利益，坚持走互利共赢的中国式经济发展道路。无论外部环境如何变化，中国改革开放的大门不会关上，只会越开越大。中国在全球经济治理中的作用日益重要，如何塑造具有国际竞争力的新产业、新模式、新业态成为摆在面前的紧迫任务。新质生产力的发展策略，有助于中国产业升级和全球经济链条中的价值提升，也有助于增强中国在国际舞台上话语权。

生产力水平的竞争本身就是国际产业链分工话语权的体现。从世界历史来看，每一次科技革命的浪潮中，那些通过积极发展相关产业掌握先进核心技术的国家都获得了巨大的话语权，成为国际产业链分工的领头羊。第一次工业革命时期，英国就通过蒸汽机的运用，大量发展相关产业，如纺纱机、火车、蒸汽轮船等产业，牢牢地掌握了机器生产工业的话语权，从而成为世界工厂，进而助推英国确立世界霸主的地位。第二次工业革命时期，美国等国家则通过大力投入电力、石油、化工和汽车等领域，成为第二次工业革命最大的受益者，进而成为国际经济的领航者和超级大国。不难发现，是否在新兴产业占据领先地位，事关一国经济体是否能够成为世界性强国。先进生产力的竞争力体现了一国家或地区在全球产业链中的技术创新和生产效率，它直接关联到该地区产品和服务的市场竞争力。随着科技进步和生产方式的革新，掌握了新质生产力的经济体能够在国际分工中获取更有利的位置，从而拥有更大的话语权。事实上，这种话语权决定着全球价值链中资源、资本和信息的流动方式，进而塑造全球产业结构和国际经济关系。

发展新质生产力能够让中国更加积极地参与到现有经济的国际治理中。发展新质生产力是当代中国深化改革、扩大开放的战略举措，对于提升国家综合实力、拓宽参与国际治理的通道至关重要。在全球化日益加深的今天，国际经济秩序呼唤更多元、更平衡的声音，而中国作为世界第二大经济体，发展新质生产力能够为世界提供技术创新、产业升级的动力源泉。

首先，新质生产力的核心在于科技创新。高新技术产业的兴起，尤其是在人工智能、生物科技、清洁能源等领域的突破，将为中国企业“走出去”提供强有力的竞争优势，并推动全球市场和技术规则的再造。这样的转变不仅有助于提高中国在国际分工体系中的地位，更可通过技术输出、标准制定等方式，积极塑造国际经济治理环境。其次，新质生产力的发展促使中国由“世界工厂”向“世界市场”转变，在吸引外资的同时更加注重对外投资，从而在多边以及双边经贸合作中占据更为主导的地位。随着“一带一路”倡议的推进，结合产能合作、基础设施建设等多种形式，中国能够更好地与沿线国家进行资源共享、利益共赢，有效推动国际经济治理机构改革，增强发展中国家在国际体系中的话语权。最后，新质生产力的发展有助于应对全球性挑战，如气候变化、环境保护等，通过绿色低碳技术的开发和应用，中国可以在全球环境治理中发挥领导作用。这不但增强了国际社会对中国负责任大国形象的认同，也让中国在推动经济绿色转型、完善全球环境治理结构方面拥有更多发言权。

综上所述，发展新质生产力，是中国融入并优化全球经济治理体系的重要途径。通过科技创新驱动、产业升级发展和全球治理参与，中国不仅能够在国内实现高质量发展，在国际舞台上也将以更加活跃和建设性的姿态，促进全球经济治理体系朝着更加公正合理的方向演进。

（三）发展新质生产力能够更好地满足人民群众对美好生活的需要

新质生产力的发展是实现经济社会可持续发展、创造更高质量和更多数量的物质和精神财富的关键动力，对于满足人民群众对美好生活的需要具有决定性作用，能够推动当前中国社会主要矛盾的解决。进入新时代，人民美好生活的需要日益广泛，不仅对物质生活提出了更高要求，在文化生活和生态文明上都提出了新要求，需要更多层次和更多维度的产品和服务。在技术迅猛发展的当下，生产力的先进性主要表现在智能化、信息化、网络化等方面，在这些领域的突破与应用推动了传统生产方式的根本改变，极大地提升了生产效率和产品品质。这将打通供给体系原有的卡点、堵点和难点，为人民群众提供更丰富、更高品质的产品和服务，进而更好地满足人民群众对美好生活的需要。

首先，新质生产力以其高效性和节能性响应了公众对环保和可持续生活方式的渴望。智能制造在极大程度上减少了资源浪费，优化了能源配置水平，降低了碳排放的数量，符合新发展理念当中的绿色发展理念。同时，通过智能化技术，消费者可以获得更为个性化和多样化的商品和服务，满足他们对高品质生活的追求。其次，信息化和网络化改变了人们获取信息和交流沟通的方式，使人们的生活更加便捷和丰富多彩。互联网平台和移动应用让知识、文化、娱乐内容触手可及，线上教育、远程医疗等服务的普及也在很大程度上提高了生活质量，尤其是对偏远地区或行动不便者意义非凡。进一步而言，新质生产力的发展促进了新业态、新模式的涌现，如共享经济、平台经济等，这些新业态的出现不仅增加了就业机会，而且为消费者提供了更多选择，促进了经济的多元化发展。例如，共享出行减少了个人购车需求，不仅缓解了城市交通压力，同时也降低了家庭支出，提升了生活质量。最后，新质生产力的发展还带来了劳动条件的改善。自动化和机器人技术的应用减轻了劳动者的体力负担，智能系统的辅助决策减少了工作中的重复与错误，为员工提供了更多安全保障和职业发展空间，从而提高了人民的幸福感、获得感与满意度。

综上所述，新质生产力的发展既推动了生产方式的革新，又满足了人民群众对美好生活的物质和精神需求，是构建人类美好未来社会不可或缺的重要力量。通过不断探索和实践，应当鼓励和引导新质生产力快速发展，推动中国特色社会主义加快实现现代化，并引导人类社会向着更高水平的文明进步和发展。

第二章

是什么？——新质生产力的理论渊源、逻辑与具体内涵

一 理论渊源

在马克思的政治经济学理论中，生产力是一个核心概念，被视为人类改造和征服自然的能力。它是指具体劳动创造使用价值的能力，反映的是人与自然的关系。根据历史唯物主义的观点，生产力的发展决定了生产关系的变革和社会进步的方向。中国是社会主义国家，社会主义的根本任务是解放和发展社会生产力，因为生产力是推动社会进步的最活跃、最革命的要素，其发展是衡量社会发展的根本标准。随着科技的不断进步和数字化时代的到来，新质生产力逐渐崭露头角。新型劳动者、新劳动资料和新劳动对象等要素的涌现，为新质生产力的形成提供了重要的支撑和动力。在讨论新质生产力之前，我们需要沿着历史脉络认识生产力理论，以及中国共产党人在实践中总结的理论成果。

（一）马克思、恩格斯的生产力理论

与古典政治经济学家将生产力作为孤立的存在不同，马克思、恩格斯从唯物史观的视角考察生产力，并且从生产力与生产关系的互相联系出发，将生产力视为决定生产关系的重要力量。马克思、恩格斯的这一研究视角纠正了前人在生产力理论研究上的不足，将生产力研究提升到了一个全新的高度。

马克思的生产力概念是一个不断发展变化的过程。在《德意志意识形态》中，马克思从历史唯物主义的角度出发，强调生产力是人的活动，并受到社会和政治因素的影响，认为生产力主要表现为一种“物质生产力”，即生产力的物质性方面。这种物质生产力和生产关系的矛盾运动共同构成了“生产方式”或“生产形态”，成为人类历史发展的基石，[①] 而“人们为了能够‘创造历史’，必须能够生活。但是为了生活，首先就需要吃喝住穿以及其他一些东西。因此第一个历史活动就是生产满足这些需要的资料，即生产物质生活本身”。[②] 这意味着生产力不仅是满足人民实际需求的物质力量，更是推动人们创造历史的根本动力。[③] 马克思进一步强调，生产力是客

---

① 马克思、恩格斯：《德意志意识形态》（节选本），人民出版社 2018 年版。

② 《马克思恩格斯选集》第一卷，人民出版社 2012 年版，第 158 页。

③ 魏崇辉：《新质生产力的基本意涵、历史演进与实践路径》，《理论与改革》2023 年第 6 期。

观的、历史的，并认为生产力在与生产关系的相互作用下实现提高，生产力的发展是社会进步的基础。这些观点为我们理解生产力和生产关系之间的复杂关系提供了重要的理论指导，有助于我们深入探索社会发展的内在规律。

在《哲学的贫困》中，马克思构建起了体系化的生产力理论，他强调生产力的基本要素不仅包括生产工具等劳动资料，还包括劳动者和劳动对象，从而进一步丰富了生产力的内涵。在《1857—1858年经济学手稿》和《资本论》中，马克思从政治经济学视角对生产力概念进行了补充。马克思在《资本论》[①] 中指出，生产力不仅包括物质生产力的物质性方面，还涵盖了生产关系方面。在资本主义生产方式下，生产力的发展往往伴随着资本家与工人之间的矛盾和斗争，这使得生产力展现出一种“社会性”生产力，表现为“社会生产力”。此外，资本主义生产方式下的生产力发展还具有一种“自我规定”的性质。在“自我规定”性质下，生产力表现出一种“历史必然性”，意味着生产力的发展必然会突破原有的生产关系，催生新的生产关系，从而推动社会的进步和发展。马克思同样对自然生产力进行了初步探讨。自然生产力与自然生态

① 马克思：《资本论》第三卷，人民出版社2004年版。

环境紧密相连，是与社会生产力相区别的另一种形态的生产力。

马克思对生产力的理解是一个不断深化和完善的过程。他不仅关注物质生产力的发展，还强调生产力的社会性和历史必然性，并初步探讨了自然生产力的问题。这些观点为我们理解生产力和社会发展提供了重要的理论指导。

在生产力理论的不断演进中，马克思、恩格斯指出，“生产力中也包括科学”，① 首先，这一论断表明科学技术是生产力的重要组成部分，强调科技在生产中的关键作用，提出“劳动生产力是由多种情况决定的，其中包括：工人的平均熟练程度，科学的发展水平和它在工艺上应用的程度，生产过程的社会结合，生产资料的规模和效能，以及自然条件”。② 其次，恩格斯在考察英国工人阶级状况时，对机器大工业等先进科技带来的生产和生活方式的变革持肯定态度。恩格斯观察到：“印花业由于机械方面的一系列极其辉煌的发明，又有了新的高涨；由于这种高涨以及棉纺织业的发展引起的这类营业部门的扩大，这些行业空前地繁荣起来了。”③ 可见，科技工

① 《马克思恩格斯文集》第八卷，人民出版社 2009 年版，第 188 页。
② 《马克思恩格斯文集》第五卷，人民出版社 2009 年版，第 53 页。
③ 《马克思恩格斯文集》第一卷，人民出版社 2009 年版，第 395 页。

业的发展对生产和生活方式的变革具有重大影响，新科技、新技术的融入不仅促进了传统产业的优化升级和规模化发展，还带动了其他商业部门的发展。再次，马克思、恩格斯指出，“工业革命对英国的意义，就像政治革命对法国，哲学革命对德国一样”,① 推动着历史进程。恩格斯写道：“在马克思看来，科学是一种在历史上起推动作用的、革命的力量。”② 最后，科学技术的应用能为人类带来福祉。恩格斯在《德法年鉴》中指出：“科学又日益使自然力受人类支配。这种无法估量的生产能力，一旦被自觉地运用并为大众造福，人类肩负的劳动就会很快地减少到最低限度。”③

综上所述，马克思、恩格斯的观点反映了生产力概念的深化和发展，强调了科技生产力的关键作用及其对人类福祉的积极影响。这些观点为我们理解生产力和社会发展提供了重要的理论指导。

（二）中国共产党人的科技生产力理论

中华人民共和国成立以来，中国共产党人不断深化对生产力的认知，特别是在解放和发展生产力的实践中。中国共产党

---

① 《马克思恩格斯文集》第一卷，人民出版社 2009 年版，第 402 页。
② 《马克思恩格斯文集》第三卷，人民出版社 2009 年版，第 602 页。
③ 《马克思恩格斯文集》第一卷，人民出版社 2009 年版，第 77 页。

人汲取了马克思主义科技生产力理论，在实践过程中不断凝结理论结晶，形成富有中国特色的马克思主义科技生产力理论。这一理论不仅扩充了新质生产力的理论基石，还为新质生产力提供了实践支撑。

在中华人民共和国成立初期，中国面临着“三座大山”的压迫，经济社会正处于满目凋零、百废待兴的困境。以毛泽东同志为主要代表的中国共产党人多次强调要重视科技创新，在战略上将科学技术的地位拔高。毛泽东同志指出：“科学技术这一仗，一定要打，而且必须打好。”① “资本主义各国，苏联，都是靠采用最先进的技术，来赶上最先进的国家，我国也要这样。”② 在中国工业化建设初期，毛泽东同志指出：“中国只有在社会经济制度方面彻底地完成社会主义改造，又在技术方面，在一切能够使用机器操作的部门和地方，统统使用机器操作，才能使社会经济面貌全部改观。”③ 这一段话内在地提出利用科技建设社会主义的思想，表明科技在经济建设上的重要性。1963 年，周恩来同志在上海市科学技术工作会议上指出：“把我们祖国建设成为一个社会主义强国，关键在于实现

---

① 《毛泽东文集》第八卷，人民出版社 1999 年版，第 351 页。

② 《毛泽东文集》第八卷，人民出版社 1999 年版，第 126 页。

③ 《毛泽东文集》第六卷，人民出版社 1999 年版，第 438 页。

科学技术的现代化。”[①] 同年，毛泽东同志在听取聂荣臻关于十年科学技术规划问题的汇报时指出，“不搞科学技术，生产力无法提高”，[②] 由此，科技被拔高到提高生产力的高度。这一时期尽管受到帝国主义国家的全面经济技术封锁，但中国在科学技术方面仍有重大突破，有力地促进了生产力的发展。

随着改革开放的深入推进，以邓小平同志为主要代表的中国共产党人继续弘扬科技生产力思想，把科学技术视为“第一生产力”，强调其在新时期经济社会发展中的关键作用。在1978年全国科学大会上，邓小平同志明确指出，“科学技术是生产力，这是马克思主义历来的观点”，[③] 科技能够通过与劳动资料和劳动者的深度融合转化为现实的生产力，与生产结合日益紧密，在生产过程中逐渐发挥决定性作用和引领作用。邓小平同志认为，发展科技就是发展生产力，同样将科技提高到生产力的高度。1988年，邓小平同志总结社会主义建设经验后进一步指出，“马克思讲过科学技术是生产力，这是非常正确的，现在看来这样说可能不够，恐怕是第一生产

---

① 《建国以来重要文献选编》第十六册，中央文献出版社1997年版，第160页。
② 《毛泽东文集》第八卷，人民出版社1999年版，第351页。
③ 《邓小平文选》第二卷，人民出版社1994年版，第87页。

力”,[①] 并且创造性地提出了“科学技术是第一生产力”的论断，这一论断意味着科技在生产过程中逐渐发挥决定性作用，与生产的结合日益紧密，对生产活动起到了引领作用。这一论断强调科技在生产过程中的重要性，突出科技对生产力的推动作用。在强调科学技术是第一生产力的基础上，邓小平同志还指出：“现代科学为生产技术的进步开辟道路，决定它的发展方向。许多新的生产工具，新的工艺，首先在科学实验室里被创造出来。”[②] 科技的发展方向需要清晰的规划。首先，要进行科技体制改革，“要搞统一规划。规划中，不单是确定研究项目，对研究机构的调整，哪些该合，哪些该分，也都要考虑”。[③] 其次，要实施教育优先发展战略。教育是培养人才的基础，只有通过优先发展教育，才能为科技发展提供源源不断的人才资源。邓小平同志指出：“一个十亿人口的大国，教育搞上去了，人才资源的巨大优势是任何国家比不了的。”[④] 最后，要加强科技交流合作，积极学习和借鉴国外先进科学技术，“科学技术是人类共同创

---

① 《邓小平文选》第三卷，人民出版社 1993 年版，第 275 页。
② 《邓小平文选》第二卷，人民出版社 1994 年版，第 87 页。
③ 《邓小平文选》第二卷，人民出版社 1994 年版，第 52 页。
④ 《邓小平文选》第三卷，人民出版社 1993 年版，第 120 页。

造的财富。任何一个民族，一个国家，都需要学习别的民族、别的国家的长处，学习人家的先进科学技术”,[①] 通过加强国际交流合作，可以加速中国科技的发展进程，提高中国在国际上的竞争力。

进入 20 世纪 90 年代，以江泽民同志为主要代表的中国共产党人进一步深化了对科技生产力的认识，并在此基础上提出了许多新的观点和思路。2001 年，江泽民同志指出：“科学技术是第一生产力，而且是先进生产力的集中体现和主要标志。”[②] 自此，科学技术被提升到“先进生产力”的高度，突出了科技在生产过程中的引领和促进作用。江泽民同志提出：“大力推动科技进步和创新，不断用先进科技改造和提高国民经济，努力实现中国生产力发展的跨越。这是我们党代表中国先进生产力发展要求必须履行的重要职责。”[③] 在坚持科学技术是第一生产力的基础上，江泽民同志进一步指出：科学技术“是先进生产力的集中体现和主要标志”。[④] 这一观点强调了科技在生产过程中的核心地位，突出了科技对生产力发展的推动

---

① 《邓小平文选》第二卷，人民出版社 1994 年版，第 91 页。
② 《江泽民文选》第三卷，人民出版社 2006 年版，第 275 页。
③ 《江泽民文选》第三卷，人民出版社 2006 年版，第 275 页。
④ 《江泽民文选》第三卷，人民出版社 2006 年版，第 261 页。

作用。以江泽民同志为主要代表的中国共产党人认为，先进生产力的发展需要广泛地整合科技资源，同时也不能忽视教育和人才等资源对科技的支撑作用。1995 年，江泽民同志指出：“科教兴国，是指全面落实科学技术是第一生产力的思想，坚持教育为本，把科技和教育摆在经济、社会发展的重要位置，增强国家的科技实力及向现实生产力转化的能力。”① 这一时期，江泽民同志注重通过法律法规的建立和完善，促进科技生产力的发展。

进入 21 世纪，以胡锦涛同志为主要代表的中国共产党人，进一步深化了对科技生产力的认识，为推动科技生产力发展提供了重要的思想指导。在全国科学技术大会上，胡锦涛同志指出，“科学技术是第一生产力，是推动人类文明进步的革命力量”，② 强调“促进科技和经济紧密结合，加快科技成果向现实生产力转化”，③ 表明了科学技术在经济社会中的关键作用，突出了科技对生产力发展的推动作用。这一时期，以胡锦涛同志为代表的中国共产党人高度重视科技自

---

① 《江泽民文选》第一卷，人民出版社 2006 年版，第 428 页。

② 胡锦涛：《坚持走中国特色自主创新道路　为建设创新型国家而努力奋斗——在全国科学技术大会上的讲话》，人民出版社 2006 年版，第 2 页。

③ 胡锦涛：《在发展中国家科学院第二十三届院士大会开幕式上的致辞》，《人民日报》2012 年 9 月 19 日。

主创新、科技体制改革、发展创新文化、创新型科技人才培养、生态环境保护技术的发展等。① 胡锦涛同志指出：“提高自主创新能力，建设创新型国家。这是国家发展战略的核心，是提高综合国力的关键。”② “要坚持有所为、有所不为的方针，选择事关我国经济社会发展、国家安全、人民生命健康和生态环境全局的若干领域，重点发展，重点突破，努力在关键领域和若干技术发展前沿掌握核心技术，拥有一批自主知识产权。”③

新时代，以习近平同志为核心的党中央高度重视科技创新工作，提出了一系列关于科技创新的重要论述。党的十八大报告指出：“科技创新是提高社会生产力和综合国力的战略支撑，必须摆在国家发展全局的核心位置。”④ 在 2015 年的全国两会上，习近平总书记首次提出，“创新是引领发展的第一动力”。⑤ 党的十九届五中全会提出，要“把科技自立自

---

① 程恩富、陈健：《大力发展新质生产力 加速推进中国式现代化》，《当代经济研究》2023 年第 12 期。

② 《胡锦涛文选》第二卷，人民出版社 2016 年版，第 629 页。

③ 《胡锦涛文选》第二卷，人民出版社 2016 年版，第 194 页。

④ 胡锦涛：《坚定不移沿着中国特色社会主义道路前进 为全面建成小康社会而奋斗——在中国共产党第十八次全国代表大会上的报告》，人民出版社 2012 年版，第 21 页。

⑤ 《习近平在参加上海代表团审议时强调 当好改革开放排头兵创新发展先行者 为构建开放型经济新体制探索新路》，《人民日报》2015 年 3 月 6 日第 1 版。

强作为国家发展的战略支撑”。[①] 2021 年，在中国科学院第二十次院士大会、中国工程院第十五次院士大会、中国科协第十次全国代表大会上，习近平总书记提出了“高水平科技自立自强”[②]，科技发展有了更具指向性的前缀。党的二十大报告指出：“科技是第一生产力、人才是第一资源、创新是第一动力。”[③] 习近平总书记提出，要整合科技创新资源以加快形成新质生产力，[④] 通过发挥科技创新在生产力中的主导作用，实现高效能、高质量的经济发展，并且将科学技术上升到更高层次的关键性颠覆性技术，是根据时代发展要求和中国国情的变化对中国共产党人的生产力思想的传承、发展和创新。同时，习近平总书记强调包括科技在内的一切工作都要“以人民为中心”“必须以满足人民日益增长的美好生活需要为出发点和落脚点，把发展成果不断转化为生活品质，

---

① 《中国共产党第十九届中央委员会第五次全体会议公报》，人民出版社 2020 年版，第 12 页。

② 习近平：《在中国科学院第二十次院士大会、中国工程院第十五次院士大会、中国科协第十次全国代表大会上的讲话》，《人民日报》2021 年 5 月 29 日第 2 版。

③ 习近平：《高举中国特色社会主义伟大旗帜 为全面建设社会主义现代化国家而团结奋斗——在中国共产党第二十次全国代表大会上的报告》，人民出版社 2022 年版，第 33 页。

④ 《习近平在黑龙江考察时强调 牢牢把握在国家发展大局中的战略定位 奋力开创黑龙江高质量发展新局面》，《人民日报》2023 年 9 月 9 日第 1 版。

不断增强人民群众的获得感、幸福感、安全感”,[①] 体现了中国共产党人始终牢记的根本宗旨，也丰富和发展了理论上关于科技造福人类的思想。习近平总书记关于新质生产力的重要论述立足于马克思主义生产力理论，建立在中国共产党人的实践之上，是破解经济转型转轨时代命题的科学回答。[②]

二 理论逻辑

在人类社会的发展过程中，生产力的变革和升级是一个从量变到质变的过程。随着数字经济的快速发展，关键性技术实现突破，必然引发生产力核心因素的变革。在这个背景下，新的物质生产力正在数字化、信息化、智能化等条件下形成。新质生产力是相对于传统生产力而言的。它不仅是社会生产力经过量的不断积累后产生的质变结果，而且与整个社会生产力的发展和社会制度的变革紧密相连。从本质上说，新质生产力仍然是生产力，但它是以科技创新为主导、通过实现关键性颠覆性技术突破而产生的。[③]

---

① 《习近平在参加江苏代表团审议时强调　牢牢把握高质量发展这个首要任务》,《人民日报》2023 年 3 月 6 日第 1 版。

② 蒲清平、黄媛媛:《习近平总书记关于新质生产力重要论述的生成逻辑、理论创新与时代价值》,《西南大学学报》（社会科学版）2023 年第 6 期。

③ 《加快形成新质生产力》,《中国纪检监察报》2023 年 9 月 19 日第 5 版。

当前，新一轮科技革命和产业变革正在全球范围内深入推进，颠覆性技术不断涌现。这些颠覆性创新形成的劳动资料、生产工具和劳动对象的物质形态，在国民经济中表现为战略性新兴产业和未来产业。这些新兴产业拥有不同于传统产业的新技术、新要素、新设备和新产出，它们在改造自然方面具有更强大的能力，同时也具有更高的发展质量。新质生产力有利于加强科技创新的驱动力，并加快新兴产业的培育和壮大。[①] 而只有通过落实创新驱动、夯实产业基础、发展未来产业，我们才能充分利用颠覆性技术的潜力，推动社会经济的持续发展。

（一）创新驱动

科技是推动社会进步的核心力量，它不仅代表先进的生产力，更是经济发展的重要引擎。人才作为知识的载体和创新主体，在新时代的发展中扮演着关键角色。而创新作为经济发展的根本动力，能够推动产业升级和变革。回顾人类生产力的发展历程，我们可以看到科技始终是推动社会进步的重要力量。从第一次工业革命到现代的电气化、信息化、数字化和智能化，科技在人类社会发展中的地位和作用越来越突出。它不仅推动了社会变革，还催生了新兴产业，成为各国经济和综合国

---

① 李晓华：《新质生产力的主要特征与形成机制》，《人民论坛》2023 年第 21 期。

力竞争的关键。[①]

改革开放以来，中国产业技术的发展很大程度上依赖发达国家的技术转让。[②] 在过去的几十年里，中国在很大程度上依赖发达国家的科技成果来提高自身的科技水平。这种过度依赖可能导致"引进—落后—再引进"的恶性循环，在面临技术封锁时会对国家的产业链安全、供应链安全造成严重威胁。[③] 我们必须将科技创新置于国家发展的核心位置，将其作为国家发展的战略支撑。只有这样，我们才能在科技竞争和未来发展中占据制高点，成为关键科技领域的领军者和新兴领域的开拓者。[④]

相较于传统生产力，新质生产力具有领域新、技术含量高的特点，科技创新在其中起主导作用，是符合高质量发展要求的生产力。新质生产力的发展需要以科技创新为核心，能够推动产品、技术和模式的创新。首先，产品创新是新质生产力发展的重要体现。通过不断研发新技术、开发新产品，企业能够

---

① 盛朝迅：《"十四五"时期推进新旧动能转换的思路与策略》，《改革》2020 年第 2 期。

② 徐政、郑霖豪、程梦瑶：《新质生产力赋能高质量发展的内在逻辑与实践构想》，《当代经济研究》2023 年第 11 期。

③ 陈健、张旭：《新发展理念的政治经济学阐释》，《中州学刊》2023 年第 6 期。

④ 李政、廖晓东：《发展"新质生产力"的理论、历史和现实"三重"逻辑》，《政治经济学评论》2023 年第 6 期。

满足市场不断变化的需求，并在竞争中获得优势。产品创新不仅有助于提高产品质量、降低生产成本，还能够拓展新的市场领域，为企业创造更多商机。在全球化背景下，拥有创新产品的企业更有可能在国际市场上获得一席之地，提升国家整体经济实力。其次，技术创新是新质生产力发展的关键因素。随着科技的不断进步，传统产业面临着转型升级的压力，新兴产业则依靠技术创新得以迅速崛起。通过引入新技术、开发新工艺，企业能够提高生产效率、降低能耗，推动产业向高技术、高附加值方向发展。技术创新还能够促进企业与高校、科研机构之间的合作，推动科技成果的转化与应用，形成产学研一体化的创新体系。最后，模式创新是新质生产力发展的重要支撑。在新时代，单纯依靠产品和技术优势已经难以满足市场的多样化需求。企业需要转变传统经营模式，探索新的商业模式和盈利模式，以适应快速变化的市场环境。通过模式创新，企业能够打破传统行业格局，实现跨界融合与合作，拓展业务范围和市场空间。这不仅能够激发企业活力，还能够提升企业核心竞争力，使其在激烈的市场竞争中立于不败之地。

此外，科学技术通过应用于生产过程、渗透在生产力诸多要素中而转化为实际生产能力，能够促进并引起生产力的深刻变革和发展。新质生产力不是由一般的科技创新推动的，而是由具有颠覆性且对经济社会发展影响广泛而深远的科技创新所推动的。这些颠覆性创新在早期阶段可能无法与既有的技术和产品竞争，但它们具有巨大的发展潜力，代表了科技和产业发展的方向。一旦越过临界点，它们就会释放出改变劳动资料、劳动对象的巨大力量。

目前，“科学技术和经济社会发展加速渗透融合，基础研究转化周期明显缩短，国际科技竞争向基础前沿前移”，① 因此，正如习近平总书记在2023年全国两会上所强调的，“在激烈的国际竞争中，我们要开辟发展新领域新赛道、塑造发展新动能新优势，从根本上说，还是要依靠科技创新”。② 要以国家战略需求为导向，积聚力量进行原创性引领性科技攻关，坚决打赢关键核心技术攻坚战。

（二）产业基础

夯实全面建设社会主义现代化国家的物质技术基础，离不开自主可控、安全可靠、竞争力强的现代化产业体系。③ 产业

① 习近平：《加强基础研究实现高水平科技自立自强》，《求是》2023年第15期。

② 《习近平在参加江苏代表团审议时强调　牢牢把握高质量发展这个首要任务》，《人民日报》2023年3月6日第1版。

③ 王云鹏：《现代化产业体系的理论构筑与实践策略》，《江苏社会科学》2023年第4期。

体系的现代化是现代化的核心，是决定国家兴衰的关键因素。由新技术带来的新产业，进而形成的新生产力，成为驱动经济发展和国家强盛的强大引擎。

新兴产业在不断发展中，与过去的产业革命相比，现代科技创新催生的新产业覆盖领域更为广泛。从纺织、煤炭等行业到电力、化学、石油和汽车工业，再到信息技术和网络技术，新兴产业的领域在不断扩大。如今，新兴产业已涉及节能环保、高端装备制造、新能源、新材料和智能制造等多个领域，对传统产业的改造升级起到了积极的推动作用。新兴产业的技术从研发到推广应用需要经历一个不断成熟的过程，新兴产业也必然会经历一个产生、发展和壮大的成长过程。[①] 历次产业革命具有的共同特点之一，是经济结构和发展方式发生重大调整。面对科技革命的新形势和国家发展的新要求，迫切需要充分发挥科技对产业发展的前瞻引领作用，以科技创新引领产业全面振兴。[②] 中国已经建立了全球门类最为齐全、产业体系最为完整的制造业，但大而不强、全而不精的局面尚未得到根本改变。在规模方面，中国是全球最大的贸易国和外资流入国，参与了多个重要的全球产业链。在位置方面，中国主要处于全

---

① 《新质生产力的形成逻辑与影响》，《经济日报》2023 年 12 月 22 日第 11 版。

② 黄群慧：《建设现代化产业体系的重点政策方向》，《国际经济评论》2023 年第 3 期。

球产业链的中游环节。在质量方面，中国在全球产业链中的附加值水平和技术含量逐步提高，但仍有较大的提升空间。

建设现代化产业体系，就是要建设由科技创新支撑引领的产业体系，关键在于培育形成新产业，特别是战略性新兴产业。战略性新兴产业是以重大技术突破和重大发展需求为基础，对经济社会全局和长远发展具有重大引领带动作用。首先，在新质生产力促进技术创新的背景下，战略性新兴产业得以不断突破技术瓶颈，提高产品附加值和市场竞争力，新质生产力的发展为战略性新兴产业提供了强大的技术支持。例如，人工智能、5G 通信等新质生产力的突破，为新一代信息技术产业的发展提供了有力支撑。其次，新质生产力推动了战略性新兴产业的升级和优化，传统产业得以转型升级，新兴产业得以快速发展，进一步提升了战略性新兴产业的规模和水平。例如，新能源技术、生物技术的突破为新能源、生物医药等战略性新兴产业的升级提供了动力。再次，新质生产力的发展催生了新的市场需求，为战略性新兴产业提供了广阔的发展空间。随着人们生活水平的提高和消费结构的升级，对高品质、高性能产品的需求日益增长，进一步推动了战略性新兴产业的发展。例如，智能家居、无人驾驶等领域的创新，满足了消费者对智能化生活的需求。并且，新质生产力的发展有助于提升战略性新兴产业的国际竞争力。在新质生产力的支持下，战略性新兴产业的国际合作与交流得以加强，企业得以拓展国际市场、提高品牌影响力。最后，新质生产力的发展吸引了大量优秀人才投身于战略性新兴产业的研究与开发，人才的集聚进一步推动了技术创新和产业升级，为战略性新兴产业的持续发展提供了智力支持。

同时，维护产业链供应链的韧性、安全和自主可控，是中国主动寻求提升国内大循环可靠性、提升国际循环的质量和水平的必要举措，而产业基础的夯实需要从产业链、供应链和产业集群等方面着手。

在产业链方面，新质生产力的发展，一方面能够推动产业链的优化升级。随着科技的进步，新兴产业不断涌现，这些产业具有更高的技术含量和附加值，能够带动整个产业链的升级。例如，智能制造的兴起推动了制造业的数字化转型，进而影响了原材料、零部件等上游产业的发展。另一方面有助于完善产业链的薄弱环节。在新质生产力的推动下，产业链中的薄弱环节（如核心技术、关键零部件等）得以突破，从而提升整个产业链的竞争力。例如，新能源产业的发展推动了电池技术的创新，进而解决了电动汽车产业链中的续航问题。

在供应链方面，新质生产力的发展，一方面促进了供应链的智能化、柔性化。新质生产力在技术和组织上的创新使得供应链管理更加智能化，提高了供应链的响应速度和灵活性。例如，物联网、大数据技术的应用使得供应链中的信息流更加透明、实时，从而提高了供应链的协同效率。另一方面也要求供应链进行相应的调整和优化。新兴产业对供应链的需求与传统产业有所不同，这就要求供应链进行相应的创新和调整。

在产业集群方面，新质生产力的发展有助于新兴产业集群的培育。一方面，在新质生产力的推动下，新的产业集群不断涌现，这些集群往往具备更高的创新能力、更紧密的企业合作网络。例如，新一代信息技术产业集群的出现，推动了各行业的信息技术应用和创新。另一方面，新质生产力的发展能够提升现有产业集群的竞争力。通过引入新技术、开发新产品、优化生产流程等手段，现有产业集群得以转型升级，进而提升整体的竞争力。例如，生物医药产业集群在新技术和新产品的推动下，不断拓展其产业链和价值链。

新兴产业是形成新质生产力的重要载体，产业基础是新质生产力发展的必要条件。通过发展新质生产力，我们可以推动产业链的优化升级、完善薄弱环节，促进供应链的智能化、柔性化，培育新兴产业集群、提升现有产业集群的竞争力，推动技术和产业变革朝着信息化、数字化、智能化方向加速演进。①

（三）未来布局

未来产业是由前沿技术推动、满足经济社会不断升级的需求、代表科技和产业长期发展方向的新兴产业。这些产业目前尚处于孕育孵化阶段，② 但它们是新质生产力的方向指引，对国民经济具有重要支撑和巨大带动作用。在未来产业赛道上，世界各国处于相同的起跑线上，都面临相同的不确定性，因此成为后发国家"换道超车"的重要领域。从科技创新到未来产业再到战略性新兴产业是一个连续的光谱，在这个光谱上，未来产业已经进入商业化开发阶段。如果不及早进行布局，当产业到达爆发式增长的拐点时，可能会因为前期人才积累不足、工程技术进展慢、产业配套弱、市场开发不力而被甩在后面。

未来产业代表着技术的前沿和产业的未来趋势，对于推动经济发展、促进就业、提高国际竞争力等方面具有重要意义，与战略性新兴产业相比，未来产业处于产业生命周期的早期阶

---

① 《理解新质生产力的内涵》，《经济日报》2023 年 12 月 22 日第 11 版。

② 李晓华、王怡帆：《未来产业的演化机制与产业政策选择》，《改革》2021 年第 2 期。

段，产业发展不确定性大，培育周期长。① 而新质生产力作为未来产业发展的关键因素，对于实现未来产业的可持续发展具有决定性作用。

首先，新质生产力的创新性能够引领未来产业创新发展。未来产业技术路线不确定、发展模式不固定、技术范式有待形成，要在技术路线、底层逻辑、标准体系、经营思路等方面加快探索实践。而新质生产力能够依托互联网规模优势和应用优势，加大对未来网络、元宇宙、生成式人工智能、未来显示等领域的前沿探索，加快产业化发展步伐；加大类脑智能、脑机接口、人形机器人等领域的科学研究投入力度，探索商业化、产业化运行模式；大力发展量子信息、基因技术、生命科学、深海空天开发、氢能与储能等，为未来产业发展提供创新源泉。② 其次，新能源、新材料、生物技术、智能制造、数字经济等新兴产业领域，具有高技术含量和高附加值，可以带动传统产业的升级和转型，为未来产业的升级壮大奠定基础。例如，量子科技、生物制造、类脑科学等未来产业代表了未来科技发展的方向和趋势，可以为

① 《加快形成新质生产力》，《经济日报》2023 年 11 月 27 日第 10 版；《发展新质生产力锻造竞争力》，《经济日报》2023 年 10 月 5 日第 6 版。

② 《向“新质生产力”发力》，《中国青年报》2023 年 12 月 19 日第 5 版。

未来的经济发展和社会进步带来新的动力和机遇。最后，数字技术、网络技术、人工智能、大数据、生物技术等新质生产力的发展，不仅可以提高生产效率和提升质量，还能够实现精准营销和个性化定制，满足消费者的多样化需求。并且，人工智能技术的发展，使得机器能够自主进行决策和执行任务，从而提高生产自主性，使得生产更加自主化和协同化，提升未来产业的效率和普及度。①

三　具体内涵

2024 年 1 月 31 日，习近平总书记在中共中央政治局第十一次集体学习时指出：

> 新质生产力是创新起主导作用，摆脱传统经济增长方式、生产力发展路径，具有高科技、高效能、高质量特征，符合新发展理念的先进生产力质态。它由技术革命性突破、生产要素创新性配置、产业深度转型升级而催生，以劳动者、劳动资料、劳动对象及其优化组合的跃升为基

① 李政、廖晓东：《发展“新质生产力”的理论、历史和现实“三重”逻辑》，《政治经济学评论》2023 年第 6 期。

本内涵，以全要素生产率大幅提升为核心标志，特点是创新，关键在质优，本质是先进生产力。①

与传统生产力相比，新质生产力以运用新技术的新产业作为主要载体，具有较高的成长性和劳动生产率，对劳动力素质要求更高。② 作为先进生产力的具体体现，新质生产力在宏观上可以理解为新科技、新能源和新产业及其融合发展，③ 从具体内涵上看，新质生产力可以从“新”“质”以及先进性三个方面来理解。

（一）新质生产力的“新”

新质生产力的“新”体现在要素构成和具体表现两个方面，一是要素构成新，二是具体表现新。

1. 要素构成新

历史唯物主义强调，生产力是人类改造自然、征服自然的能力，是人类社会生活和全部历史的基础，是推动社会进步最活跃、最革命的要素，是推动人类文明不断向前发展的决定力

① 《习近平在中共中央政治局第十一次集体学习时强调　加快发展新质生产力　扎实推进高质量发展》，《人民日报》2024 年 2 月 2 日第 1 版。

② 《新质生产力的形成逻辑与影响》，《经济日报》2023 年 12 月 22 日第 11 版。

③ 《加快形成新质生产力》，《经济日报》2023 年 11 月 27 日第 10 版。

量和动力源泉。马克思指出："生产力，即生产能力及其要素的发展。"① 构成生产力的要素可以分为实体性要素和非实体性要素，其中劳动者、生产资料与劳动对象是实体性要素，科技、管理、信息和数据等是非实体性要素。从生产力的要素结构来看，与传统生产力不同，新质生产力就是实体性要素提质增效，同时非实体性要素，尤其是科技创新发挥着主导作用的先进生产力。

与传统的生产力相比较，新质生产力是生产力要素呈现全新质态的生产力，② 关键在于掌握新科技的新型劳动者、智能设备等新劳动资料、数字空间等非物质化的新劳动对象，以及新科技、新管理模式和数据新要素等。

首先是新型劳动者。从简单协作到工场手工业，再到机器大工业，劳动者始终都是生产力的能动要素，也是最重要的要素，劳动资料和劳动对象只有与劳动者的创造活动结合起来，才能转变为现实的生产力。劳动者的劳动素质和劳动技能直接决定了生产力的发展，③ 劳动者素质总是要同每一个发展阶段

---

① 马克思：《资本论》第三卷，人民出版社 2004 年版，第 1000 页。

② 《加快形成新质生产力与推动东北全面振兴》，《团结报》2023 年 10 月 19 日第 2 版。

③ 《准确把握新质生产力的科学内涵和基本特征》，《南方日报》2023 年 10 月 9 日第 A12 版。

的生产力和生产关系相适应。在数字技术的驱动下，劳动者需要具备更高的素质和技能，以适应不断变化的生产需求。在互联网经济时代，劳动者只有掌握必要的高新科技知识和劳动技能，具有知识化和专业化的创新能力和更为先进的认知水平，才能驱动高新科技化的劳动对象和劳动资料，创新人才成为推动科技创新转化为新质生产力的主体力量。① 例如，当数据成为劳动对象，算法成为劳动工具时，对劳动者的数字素养和数字技能提出了新要求，意味着劳动者无法故步自封，而操控、维护数字技术和设备成为新质生产力劳动者的标配。在信息化、数字化、网络化推动下，接受过高等教育的劳动者视野、知识、能力等得到大大拓展和提升，这为新质生产力的形成提供了有力的人才资源保障。

其次是新劳动资料。劳动资料是人们在劳动过程中作用于劳动对象的物质资料或条件。马克思指出："各种经济时代的区别，不在于生产什么，而在于怎样生产，用什么劳动资料生产。"② 从农业经济到工业经济，再步入如今的数字经济，劳动资料发生了巨大的转变。如今，以智能终端和可穿戴设备、

---

① 《加快发展新质生产力是高质量发展的必然要求》，《中国青年报》2023 年 12 月 19 日第 5 版。

② 马克思：《资本论》第一卷，人民出版社 2004 年版，第 210 页。

移动互联网、大数据、云计算为代表的新一轮全球技术变革浪潮正在推动传统生产力向新质生产力迈进。这些新劳动资料的核心是劳动工具的数智化，它极大地改变了劳动组织形式和生产方式，传统劳动资料与数智化劳动资料融合升级，发生颠覆性变化，出现工业化和数智化融合发展的新态势。劳动工具包括各类数字信息基础设施、电子信息设备设施、现代计算中心和数据处理中心等硬件设施和应用。另外，算法作为新型劳动工具，极大地改变了劳动组织形式和生产方式，机器大工业时期的流水线式生产不再是生产方式的主流形态。算法创造了生产方式的虚拟空间，劳动组织形式可以存在于数字空间，从标准化向个性化延展、从集中式向分布式转型，生产协作方式呈现出平台化、共享化、远程化的新特点，产品生产不再呈现出同质化特征，而是向多样化、定制化转变。在新的生产资料下，生产线上线下能够有机结合，数字经济与实体经济有机融合，极大地提高了生产的效能和效益。① 并且，马克思提出，“劳动资料不仅是人类劳动力发展的测量器，而且是劳动借以进行的社会关系的指示器”。② 海量的数据资源、超大的数据

---

① 《准确把握新质生产力的科学内涵和基本特征》，《南方日报》2023 年 10 月 9 日第 A12 版。

② 马克思：《资本论》第一卷，人民出版社 2004 年版，第 210 页。

规模将在未来爆发巨大的生产力，推动劳动资料的升级和扩容，加快形成新质生产力。随着数字技术的飞速发展，一批科技含量高、技术精密的生产工具陆续出现，推动生产方式发生系统性变革。以5G、物联网、区块链、人工智能等为代表的高科技生产技术，能够促进资源加速流动、优化要素配置组合，增强生产劳动的系统性和协同性，提高社会生产力水平。随着数字全球化的持续深入，具有高技术、高性能、现代化特征的生产工具的广泛使用和普及，将带来更大范围、更深层次的技术革命、产业变革。①

最后是新劳动对象。劳动对象是指人们通过自身劳动进行加工使其成为能够满足社会需要的那部分物质资料，也是物质生产的前提，是衡量社会生产力发展水平的重要标志。劳动只有与劳动对象相结合，才能创造社会财富。劳动对象作为人类活动对象化发展的产物，直接体现了时代的生产力发展水平。首先，新劳动对象拓展了生产领域。在工业革命的推动下，人类不断开辟新的生产领域和生产途径，更多的人工合成物、高性能材料、非常规能源等被引入生产部门，劳动对象的物质范围持续扩大。在数字经济时代，数据等新型劳动对象在各行各

---

① 《深刻理解新质生产力的内涵》，《陕西日报》2023年12月7日第5版。

业中广泛渗透，传统劳动对象呈现出高新技术化，转变为数字空间等非物质化的新劳动对象，[①] 劳动对象的范围和领域不断扩大。这些新型劳动对象的出现，不仅为生产提供了新的资源，还推动了生产领域的变革和升级。其次，新劳动对象提高了生产效率和质量。与传统劳动对象相比，新劳动对象具备可加工、易储存、智能化、协同性等特征，能够快捷高效地为劳动者所掌握使用。它们不仅优化了劳动对象的加工过程、效率和质量，还推动了劳动对象的迭代升级，进一步推进了新质生产力的形成。例如，大数据、区块链、人工智能等数字型劳动对象的应用，能够提高生产的精准度和效率，减少资源浪费和环境污染，为经济的可持续发展提供有力支持。新劳动对象促进了科技进步和创新。新劳动对象的出现和应用，往往伴随着科技的突破和创新。在中国式现代化建设新征程中，高科技产品、新能源、新材料以及新开辟的科学研究对象等，都是劳动对象的拓展与发现。这些新劳动对象的涌现和应用，不仅推动了科技的进步和创新，还为新质生产力的形成提供了重要的支撑和动力。[②]

---

① 周文、许凌云：《论新质生产力：内涵特征与重要着力点》，《改革》2023 年第 10 期。

② 《深刻理解新质生产力的内涵》，《陕西日报》2023 年 12 月 7 日第 5 版。

2. 具体表现新

新质生产力是依托于新技术、新产业、新业态和新领域的先进生产力。科学技术是第一生产力，新质生产力的核心技术是以数字化、网络化、智能化为代表的现代信息技术，如人工智能技术、云计算、物联网等。这些新技术超越了传统意义上的技术创新，强调关键性颠覆性技术突破，深刻改变着生产方式和生活方式，代表着新质生产力的关键性技术维度。新质生产力所依托的新产业主要是以高新技术产业、绿色经济产业、高端装备制造等为代表的新型产业，具有高度的技术含量和创新能力，代表着新质生产力的产业维度。新业态是新质生产力的重要组成部分，主要是以个性化、定制化、体验化等为代表的新型商业模式和服务模式，如平台经济、共享经济、社交电商等新兴业态，满足了消费者的个性化需求，提高企业的市场占有率和竞争力。与传统生产力不同的是，新质生产力所涉及的新领域主要是以新能源、新材料、生物技术等为代表的高新技术领域，新领域的发展推动了经济增长和社会进步，也为人类生存和发展提供了更加广阔的空间和机会。

（二）新质生产力的“质”

新质生产力的“质”则体现为新本质、高质量、高品质、“质”优势四个方面的要求。

1. 新本质

传统生产力推动的经济增长，主要依赖劳动资料、劳动对象和劳动者大量投入，这种水平型扩张的经济增长路径是粗放式、不可持续的，在初期可能会带来经济的快速增长，但随着资源和环境的压力增大，局限性也愈加明显。而在新质生产力下，基础研究深化，原创技术策源地得以打造，关键共性技术、前沿引领技术、颠覆性技术不断突破，战略性新兴产业如新能源、新材料、高端装备制造等加速形成，未来产业展开探索。新质生产力的形成源自基础科学研究的重大突破和对原有技术路线的根本性颠覆，与传统生产力有本质区别，在新质生产力驱动下，产业发展降低了自然资源和能源投入，改变了过去高污染、高消耗的发展模式，经济发展方式由传统要素驱动转向创新驱动。

2. 高质量

推进中国式现代化、全面建设社会主义现代化国家，要求新质生产力必须服务于高质量发展的目标取向，生产力所包含的劳动者、劳动资料、劳动对象，都面对着高质量发展下的更高要求。首先，新质生产力能够通过牵引效应赋能经济高质量发展，以高新科技为引领，带动产业变革，进而深刻地改变生产方式和生活方式，形成具有国际竞争力的技术创新体系和产业集群，带动经济高质量发展。其次，新质生产力通过结构效应赋能现代社会经济增长。新质生产力的发展必然推动战略性新兴产业和未来产业的链条式与集群式发展，使得战略性新兴产业和未来产业成为劳动生产率和全要素生产率最高的行业及部门，进而通过经济结构的不断优化推动经济高质量发展。再次，新质生产力通过乘数效应赋能经济高质量发展。在新质生产力下，经济增长函数不再表现为依靠资本、劳动、土地等传统要素投入的累加式增长，而是通过高质量要素投入和科技创新驱动产生乘数式增长。新质生产力聚焦的新技术、新产业、新业态和新领域，正是生产率高和附加值高的部门和产业，有利于通过乘数效应带动经济总量的持续增加和发展质量的持续跃升。最后，新质生产力通过增长效应赋能经济可持续增长，而经济可持续增长正是实现高质量发展的前提。发展新质生产力必然要求在重大科技领域实现新突破，在战略性新兴产业和未来产业领域形成新优势。通过促进科技创新、升级产业结构、提升资源配置效率和创新体制机制可以不断提高全要素生产率，进而不断释放经济增长潜力，确保经济可持续、高质量发展。

3. 高品质

现阶段，中国社会的主要矛盾是人民日益增长的美好生活需要和不平衡不充分的发展之间的矛盾，新质生产力提高了生产效率、增加了产品多样性、减少了对环境的影响，更好地满足了人民对高品质生活的需要。新质生产力依托于先进的技术和智能化设备，通过数字化、自动化等技术手段大幅提升了生产过程的效率和精度，缩短了产品的生产周期、降低了生产成本，使得企业能更快地响应市场需求，提供更丰富、更优质的产品。并且，传统的大规模生产方式无法满足市场的变化，新质生产力的发展使得企业从同质化、流水线式的生产方式向柔性制造、定制生产的生产方式转变，通过研发设计、应用新材料等方式不断推陈出新，满足多样化、个性化的消费者需求。另外，传统的生产方式往往伴随着大量资源消耗和环境污染，而新质生产力更加注重绿色、环保、可持续发展。通过采用清洁能源、节能技术、循环经济等手段，新质生产力在生产过程中大大减少了废弃物的产生和对环境的破坏。同时推动了资源的有效利用，提高了资源的利用效率，为实现人民日益增长的美好生活需要提供了优质产品、多样选择、绿色指南。

4. “质”优势

中华民族伟大复兴的战略全局，要求新质生产力必须服务于构筑“质”“量”并重的国际竞争新优势。从“质”上看，新质生产力是实现高水平科技自立自强，构建自主可控、安全高效的产业链供应链的重要基础。新质生产力以基础研究的深化为基础，聚焦产业链短板、“卡脖子”技术、关键零部件、未来技术等，加快实现关键共性技术的突破，打破美国等西方国家在高技术领域构筑的“小院高墙”，打造国际竞争的硬核优势。从“量”上看，新质生产力以其数字化、网络化、智能化的生产方式促使产业结构优化和传统产业的转型升级，提高企业的创新力和生产效率，从而促使企业提高市场竞争力，取得国际竞争中的“量”优势。由此，新质生产力服务于构筑“质”“量”并重的国际竞争新优势。

（三）新质生产力的本质是先进生产力

先进生产力是体现新的生产技术、充分反映生产力发展必然趋势的生产力，本质上是科技创新的产物，对社会生产力发展起到带动作用，能够大幅提高劳动生产率。新质生产力作为先进生产力，由技术革命性突破、生产要素创新性配置、产业深度转型升级而催生，以劳动者、劳动资料、劳动对象及其优化组合的跃升为基本内涵，体现在技术先进、制度先进、产业先进、人才先进四个方面。

1. 技术先进

从历史上看，生产力的飞跃发展一般是科技进步与技术革命的结果，新质生产力同样源于技术革命性突破。新质生产力是基于大数据、云计算、区块链、人工智能等新技术的生产力，正在以极快的速度变革着传统的生产方式。在数字技术的应用下，数字化、智能化、网络化、绿色化变革席卷了各个领域，降低了生产成本，提升了生产过程的效率和灵活性，提高了劳动生产率，摆脱了传统经济增长方式和生产力发展路径的限制。

2. 制度先进

在物联网、大数据等先进技术的应用和普及下，生产要素实现创新性配置。传统的资源配置方式往往基于经验和人工决策，而新质生产力通过科技手段和智能化管理方式实现了资源配置的精准化，降低了资源配置的成本和风险，促进了资源的节约利用，推动要素实现全球范围内的互联互通。并且，新质生产力使得生产要素能够发挥互补优势，促进生产要素之间的创新互动，推动生产要素实现深度融合，增强了生产要素间的协同效应。生产要素的创新性配置能够激发创新潜能，进一步促进生产力的发展。

3. 产业先进

在新质生产力发展过程中，数字产业化和产业数字化加速演进，新兴产业不断崛起，如生物科技、新能源、新材料等产业的兴起为经济带来了新的增长点。同时，传统产业转型升级，数字化、智能化等概念转变为现实，在此基础上，新质生产力推动了产业间的融合发展，形成了具有高度协同效应的产业链和产业生态。以高质量发展为导向，传统产业迈向高端化、智能化、绿色化、融合化，加速构建现代化产业体系，不断增强企业竞争力，进一步推动生产力的发展。

4. 人才先进

生产力的要素之一是劳动者，新质生产力的劳动主体是高素质劳动者。在新技术、新工艺和新模式下，劳动者需要具备较高的教育水平、专业能力和创新能力以适应生产过程的变化，从而有效提升劳动生产率。在新的生产方式和商业模式下，劳动者需要具备批判性思维，勇于挑战传统观念和方法，不断推动技术的突破和进步。在产业升级的不断推进下，劳动者需要具备快速学习的能力和较高的适应能力以应对变化和挑战，保持竞争力。人才与创新紧密相连，高素质、高技能、高创新能力的人才能够有效推动技术创新，为新质生产力发展提供有力支撑，为经济高质量发展注入澎湃动能。

第三章

怎么办？——发展新质生产力的实践路径

一 实践逻辑

（一）新一轮科技革命加速演进，新质生产力为中国“变道超车”提供了可能

当今世界正面临百年未有之大变局，科技创新特别是具有变革性的高精尖端技术的突破成为世界各国竞争的焦点和战略决胜点。从全球商品市场和分工体系的最新趋势来看，当前全球产业链、价值链、创新链呈现两个明显的特点：一是生产过程与一系列最先进的科学技术加速融合；二是大国竞争使得全球市场呈现政治化、逆全球化和治理碎片化。从这两个特点来看，目前大国竞争其实质是具有决定性的高科技的竞逐。而新质生产力就是着眼于推动大数据、云计算、人工智能、新能源、新材料等新技术的理论研究和技术应用，可以说新质生产力的形成已经成为新技术和新生产要素有机融合的关键环节和重要体现。从国际竞争的战略高度来看，加快形成新质生产力不仅

是中国提高科技核心竞争力的必然要求，而且是中国抓住新一轮科技革命和产业变革新机遇、前瞻性布局未来科学技术的关键，为中国迅速提高国际竞争力和影响力提供了坚实保障，将有助于中国成功在百年未有之大变局中把握时代机遇，实现“变道超车”。①

回顾人类社会的发展历程，每一次人类技术的重大突破都引领了一个时代的产业变革，从而深刻改变了人们的生产生活方式，在微观上体现为人们生活水平天翻地覆的变化，在宏观上则体现为对国际力量格局的深刻重塑。在当今的百年未有之大变局中，新一轮科技革命和产业变革的深入发展也在推动全球产业结构和布局的深刻调整。新兴技术的突破首先带来了新兴产业，如大数据、人工智能、量子科技、生物技术等，一系列新兴产业正在加速发展，其产业产值迅速超过传统产业，从而成为支撑经济社会发展的支柱性产业。除了这种产业的直接效应，不同学科的技术交叉融合还进一步推动了多领域的技术融合创新，从而使得传统产业焕发新的生机，新旧动能顺利实现了转换。新技术推动传统产业深度转型升级，同时催生和培育新兴产业和未来产业，这正是新质生产力的最重要体现。

---

① 戚聿东、李颖：《新经济与规制改革》，《中国工业经济》2018 年第 3 期。

新质生产力在经济实践中表现为“新”和“质”。从生产力的演变规律来看，每一次的产业革命都为新的生产力形成创造了条件。以数字技术为主导的新一轮信息技术革命是新一轮科技革命的核心，正在推动新质生产力在各种行业的形成和崛起，从“新”和“质”两个方面催生一系列战略性新兴产业，为中国经济提供了更为强劲的发展动能。“新”和“质”还体现在全球产业链的重构、科技创新竞争和产业变革的加速，数字经济、网络经济和共享经济等新兴业态不断涌现，商品和服务的品类和质量出现了飞跃式的提升。“新”和“质”是新质生产力的两个对立而统一的方面，新质生产力的“质”必然要求新的经济起点，而以“新”起点为基础不断衍生和发展的各种新产业、新模式和新业态，又将赋予新质生产力的“质”更加丰富的内涵。

在科技革命和产业变革加速演进的背景下，全球创新格局和竞争格局正在加速重塑，但与此同时单边主义、保护主义、霸凌主义抬头，全球治理体系和国际秩序面临一系列挑战和变革。加快形成新质生产力，是中国正视这些国际形势风云变幻的底气所在，新质生产力将成为中国赢得国际竞争制高点的关键。在当今世界科技创新是引领发展的第一动力，战略性新兴产业是国际竞争的主战场，未来产业是未来竞争的制胜法宝。

在当今世界，科技创新已然成为推动经济发展的最主要引擎，战略性新兴产业则扮演着国际竞争的最关键角色，而未来产业更是塑造竞争格局的制高点。夺取科技创新和产业变革的主导地位，意味着占领国际竞争制高点的先机。这不仅使得中国在全球产业链和价值链中取得优势地位成为可能，更为国家安全和发展提供了坚实的支撑。谁能迅速应对新一轮科技浪潮，谁就能在未来世界经济中处于有利位置。其中，加速形成新质生产力将成为赢得这场竞争的不二法宝。总而言之，当前大国竞争的焦点已经逐渐从传统产业向科技驱动的战略性新兴产业转移，新质生产力的提出，为中国在新一轮科技革命中争得先机提供了实践路径，是中国经济实现“弯道超车”的重要方向。

（二）传统经济增长模式后劲不足，必须转变发展模式以适应高质量发展需要

改革开放以来，中国长期实行的以高投资和高出口为主导的传统经济增长模式，虽然在一定时期内推动了经济的快速增长，但也在发展过程中暴露出一系列问题。首先，传统经济增长模式在资源利用方面呈现出明显的资源过度浪费和廉价要素依赖问题。与发达国家相比，中国在极短时间内推进了工业化和城市化，过程中导致了能源和自然资源的过度

消耗，引发了自然环境的可持续性问题。空气污染、水质下降、土地沙漠化等环境问题不仅对居民的健康构成威胁，同时也制约了未来经济的可持续发展。因此，从中国经济与自然协调发展的角度来看，经济发展模式的转型势在必行，必须发展新质生产力以构建资源节约型、环境友好型的经济系统。其次，传统产业结构使中国全要素生产率的进一步提高遇到瓶颈。长期以来，中国过分依赖劳动密集型产业和传统制造业，这使得技术创新的潜力未能得到充分释放。相较于其他发达国家，中国在全球价值链中的地位相对滞后，且当前产业链的攀升阻力越来越大，这其中尽管有政治因素，但归根结底是科技创新能力的不足。优化产业结构、提升全要素生产率成为实现中国经济健康稳定可持续发展的当务之急。最后，传统增长模式已经越来越成为中国提高创新能力的制约因素。传统增长模式的一些突出问题，如管理方式相对滞后、创新体系不够完善等，使得中国企业难以适应科技发展的潮流。高技术产业和新兴领域的投入相对不足，进一步制约了中国在全球科技创新竞争中的相对胜出。构建更加具有活力和开放性的创新体系将成为中国经济实现跨越式发展的根本动力和必由之路。

传统经济增长模式的转变方向是经济高质量发展。中国正处于从传统经济增长模式转向高质量发展的重要时刻，这一战略性转变不仅是对经济发展阶段和社会主要矛盾的精准把握，更是对全社会经济、环境、创新等多领域发展方式的再审视。① 从中国的经济现实来看，依赖投资和出口拉动的增长方式"瓶颈"日益凸显，首先是过度依赖投资拉动的增长模式已经使得一些传统产业出现产能过剩、同质化竞争严重和资源浪费的问题，其次是出口导向型经济增长在当前全球贸易紧张局势中面临不小的不确定性，这使得中国经济更加需要通过内需和创新驱动来保持持续稳定的增长。因此，中国必须通过产业升级和结构调整以实现经济高质量发展。回顾中国经济的发展历程，传统制造业在经济中占据了相当大的比重，甚至成为部分地区的支柱性产业，但这也带来了资源配置效率低和环境污染严重的问题。传统制造业中一些资源密集型产业面临着产能过剩和环境压力的双重挑战。高质量发展要求中国经济更加注重对绿色化、智能化、高附加值的新兴产业的培育，这将推动整体产业结构的升级，促使中国经济朝着更为可持续的方向发展。除了产业层面的转型升级，高质量发展还要求中国加速

---

① 黄群慧、陈创练：《新发展格局下需求侧管理与供给侧结构性改革的动态协同》，《改革》2021 年第 3 期。

实现技术进步路径的转变和创新能力的提升。虽然中国在一些领域已经取得了显著的科技创新成果，但与发达国家相比整体创新水平仍存在差距。因此，高质量发展需要加强基础研究，提升高端制造业技术水平，努力实现自主创新的突破。

新质生产力将成为中国经济深度转型和推进中国式现代化的重要引擎。新质生产力的提出，标志着中国经济正在经历一场深刻的经济转型，中国将更多地通过科技创新、产业升级和创新驱动发展。从中国式现代化的战略高度来看，实现高水平科技自立自强已经成为中国式现代化和中华民族伟大复兴的关键一环。党的二十大报告提出："深入实施科教兴国战略、人才强国战略、创新驱动发展战略，开辟发展新领域新赛道，不断塑造发展新动能新优势。"①这表明中国已经将新质生产力作为经济发展的关键引擎，并持续加强在科技、人才和创新方面的投入。通过深入实施科教兴国战略、人才强国战略、创新驱动发展战略，中国将不断塑造发展新动能新优势。这些重大战略方针将科技创新置于国家发展的核心位置，充分体现了中国对科技推动生产力发展规律性的深刻认识。新质生产力的形

① 习近平：《高举中国特色社会主义伟大旗帜 为全面建设社会主义现代化国家而团结奋斗——在中国共产党第二十次全国代表大会上的报告》，人民出版社2022年版，第33页。

成离不开对创新型人才的高度需求，中国必须推动数量型“人口红利”向质量型“人才红利”加速转化。① 高质量发展要求高素质的人才储备，而新质生产力的推动离不开一支专业化的创新人才队伍。在这一过程中，中国必须加强教育体系的改革，以培养创新型人才为教育的重要目标。

二 实践内涵

（一）新质生产力的实践动力是新技术

培育和形成新质生产力的关键在于科技创新。在信息化和全球化的浪潮下，科技创新能力已经成为综合国力竞争的决定性因素。新时代以来，中国在装备制造业、高技术制造业等领域取得了突破性成就，电子商务、共享经济等新业态异军突起，这些新产业、新模式和新业态的出现归根结底是新技术的不断突破。习近平总书记强调的新质生产力，必然以高新技术发展及应用为主要特征，也必然是科技创新发挥支撑作用的生产力。

科技创新是推动形成新质生产力的主要路径，特别是在绿色技术、智能技术、数字技术、健康技术等新领域，科技创新

① 韩保江、李志斌：《中国式现代化：特征、挑战与路径》，《管理世界》2022 年第 11 期。

的作用更为凸显。在绿色技术领域，中国在节能低碳技术、清洁能源技术、污染治理技术等领域已经取得了一系列突破性进展，不仅有助于提升中国生产过程中的环保水平，而且还推动了绿色产业的崛起，为经济的可持续发展创造了条件。在智能技术领域，中国在人工智能、物联网、量子传输等领域已经处于全球领先地位。这些技术的广泛应用提高了生产效率，优化了产业结构，推动了企业的数字化转型，特别是在制造业中智能化生产系统的应用使得生产模式实现了质的突破。在健康技术领域，数字医疗技术的出现推动了医疗产业的升级，远程医疗和健康管理系统等为人们提供了更便捷、精准的医疗服务，促进了医疗资源的优化配置。在生物技术方面，中国在基因编辑、生物医药和基因改良等领域展开了大量研究。此外，中国对新能源和新材料的研究也取得了长足进步，推动了可再生能源的应用和发展，以及轻量化和高强度的新材料在各种领域应用日益广泛。中国在可再生能源领域的投资和技术研发不断增加，已经成为全球领先的绿色技术创新者之一。①

新质生产力的形成不仅是技术创新的结果，更是科技创新在生产领域广泛应用的具体体现。培育新质生产力，就是要将

① 胡鞍钢：《中国实现 2030 年前碳达峰目标及主要途径》，《北京工业大学学报》（社会科学版）2021 年第 3 期。

科学研究的最新发现和技术发明的最先进成果应用到具体生产体系中，不断创造新的价值。在过去，生产力的发展主要依赖劳动力、自然资源和资本投入，但在今天科技创新已成为决定性因素。科技的进步和创新不仅有助于企业降低运营成本和提高产品质量，而且通过引进新型工艺和技术，打破了传统产业的发展瓶颈，推动整个国民经济实现更好更快的发展。在当代企业的智能化生产中，依托大数据、云计算、人工智能等新技术，实现了人与人、人与机器、机器与机器之间的紧密互动和高效集成。这种集成在协调沟通和监督反馈等方面发挥着至关重要的作用，不仅提升了产品的附加值，而且推动了生产模式的根本性变革。数字孪生技术更是使得实体事物与虚拟事物之间建立了紧密联系，实现了在实体空间和数字空间中都能够创造相应价值的可能。未来，随着大数据应用、算法不断迭代和生物技术的更新，企业的生产方式和价值创造方式将经历深刻的变革，引发产业组织形式的巨大调整，成为新质生产力的主要推动力。

新质生产力的技术基础，一方面是前一轮技术革命的延续和升级，另一方面是数字经济加速技术融合的成果。从技术进步的角度看，新质生产力的形成和发展依赖数字技术的支持，而数字技术正是前一轮信息技术革命的延续和升级。全球已经经历了三次重要的工业革命，而当前以数字技术为代表的新一轮信息技术革命正是在建立在第三次工业革命的基础上，数字技术的进步与前一轮信息技术革命中的电子计算机和互联网的基础性作用紧密相连。因此，新质生产力是在传统生产力基础上的一次飞跃，是传统生产力发展到一定水平的必然结果。此外，新一次技术革命促进了万物互联，从而加速了各类先进技术的融合发展。新一代信息数字技术，如互联网、云计算、大数据、人工智能等技术的广泛应用对生产和消费的各个环节产生了深远的影响。数字技术的网络化和信息化特点不仅在微观上减缓了信息不对称，降低了交易成本，提高了经济运行的效率，而且在宏观上为政府提供了更全面的数据支持，使政府能更科学地了解和掌握经济发展情况。可以说，数字技术已经成为推动新质生产力发展的重要因素，是促进中国实现更高水平经济增长的最有力支撑。

（二）新质生产力的实践核心是新要素

新质生产力是更先进的生产力，构成新质生产力的各类要素，如劳动者、劳动资料和劳动对象等均有别于传统生产力。

首先，新质生产力的最关键要素之一是新劳动者。在数字化时代，劳动者不再仅仅是传统工人，而是具备广泛技能和高度适应性的多元化人才，其在数字技术、人工智能、云计算等方面具有丰富的知识储备和操作能力。新劳动者融入智能化的生产系统与机器协同工作，通过不断学习和创新推动着生产模式的持续升级。新质生产力下的新劳动者已经不仅仅是各种机器和设备的操作者，更是创造者，为企业带来更高层次的价值创造。正是由于新劳动者在生产过程中的关键性作用，新质生产力对劳动者的需求更注重创造性和智能性，而不仅仅是机械性的重复劳动。新劳动者需要具备跨学科的知识，能够灵活运用各种工具和技术，从而快速适应不断变化的生产环境。同时新劳动者的工作流程也不再受限于传统的岗位和职能，而是更强调团队协作和跨界合作。新型劳动者的涌现使得生产力的提升不再仅仅依赖机械化和自动化，而是更多地依赖智能化和创新化。企业需要持续培养和吸引具备较高数字素养和创新能力的新劳动者，从而在竞争激烈的市场中占据主动。

其次，新劳动资料也促进了新质生产力的形成。在数字化时代，新劳动资料不再仅仅是传统的机械设备，而是涵盖了大量智能化、数字化的工具。先进的生产工具如工业机器人、自动化生产线以及基于人工智能的智能设备，使得生产过程更加高效、精准。这些新型劳动资料通过数字技术的应用，能够实现更灵活的生产方式，适应市场的快速变化和多样化需求。其中，工业机器人作为新劳动资料的主要形式，不仅能够在传统工业领域完成重复性高、强度大的工作，还通过人工智能的引入实现了更为复杂和精准的操作。这种智能化的新劳动资料不仅提高了生产效率，还减轻了人力负担，使得劳动者可以更专注于创造性的工作。自动化生产线是数字化时代另一重要的新劳动资料，通过各种传感器、控制系统的协同工作，实现了生产过程的自动监测和调控。这不仅提高了生产线的生产效率，还降低了生产过程中的错误率，确保了产品质量的稳定性。总体来看，新劳动资料的使用在很大程度上改变了传统的生产方式，推动了传统生产力向新质生产力的转变。

再次，新的劳动对象也对新质生产力的形成起到了至关重要的作用。新能源和新材料是当前最主要的两类新劳动对象。第一，新能源作为新劳动对象，是在能源生产和利用方面的革命性变革。传统的能源生产方式，如煤炭、石油等，不仅能源利用效率低下，而且对环境产生了严重影响。而新能源，特别是太阳能、风能、水能等可再生能源的应用，则为生产提供了清洁、高效、可持续的动力源。太阳能光伏等技术的发展，不仅可以用于工业和居民电力供应，还在新能源汽车和移动设备上有着广泛的应用，为生产提供了更为灵活和环保的能源选择。第二，新材料是新质生产力劳动对象中的又一重要部分。传统的材料在面对现代产业和科技需求时已经逐渐落后，新材料的研发和应用则显著地改变了产品的性能、耐用性和制造工艺，成为新质生产力的有力支撑。例如，碳纤维等高强度材料的应用使得产品更轻更坚固，而纳米材料的研发则在电子、医疗等领域迎来了全新的应用前景。新材料的研发和应用不仅可以提高生产效率，还可以推动产品创新，促使产业朝着更加可持续和高效的方向发展。综合而言，新劳动对象的引入，特别是新能源和新材料的应用，为生产提供了更为环保、高效、创新的选择，这些新劳动对象不仅推动了产业结构的升级，也在很大程度上推动了经济的可持续发展。

最后，新质生产力还体现在各种要素的创新性配置上。第一，要素的创新性配置体现为传统生产要素的重新组合和优化利用。新质生产力并非是简单的要素数量的增加，而是通过创新性配置，使得各种要素之间能够更为协同地工作，实现“1 + 1 > 2”的效果。例如，在数字经济时代，数据作为新的要素被纳入生产过程，与传统的劳动、资本、土地等要素相互结合，形成了全新的生产模式，这种创新性配置不仅提高了生产效率，也为产业的发展带来了更多可能性。第二，技术的创新是要素创新性配置中至关重要的一环。新质生产力的推动离不开技术的进步，特别是数字技术、人工智能、大数据等的广泛应用，这些技术的创新性整合使得生产过程更加智能化、高效化。例如，在智能制造领域，通过将物联网技术与生产设备结合，实现了设备之间的实时通信和协同工作，从而提高了生产效益和产品质量。第三，组织架构的创新也是要素创新性配置的重要方面。相较于传统生产力，新质生产力更加强调企业组织的灵活性和适应性，更加注重创新性的管理和运营模式。例如，共享经济模式的兴起就是一种组织架构的创新，通过共享资源、优化利用实现了资源的最大化价值，这种灵活的组织结构也使得企业能够更快地适应市场变化，从而提高了对市场所需技术的洞察力，拓宽了创新可能性边界。

（三）新质生产力的实践载体是新产业

新质生产力首先助力传统产业实现了深度转型。在生产流程方面，通过应用物联网、大数据分析和人工智能等技术，传统产业实现了生产过程的数字化管理和智能化控制，实时监测和数据分析帮助传统企业不断优化生产计划、提高生产效率、降低信息成本，从而提升整体竞争力。在交易渠道方面，传统产业借助互联网和电子商务平台拓展了销售渠道，通过建立线上销售平台使得产品能够通过互联网进行销售、支付和配送服务，在满足消费者个性化需求的同时扩大了市场覆盖面，提升品牌影响力。在制造流程方面，传统产业还积极推动智能制造，引入自动化设备和机器人，建设智能工厂，实现生产过程的自动化和智能化。这种智能化转型有助于提高生产效率、产品质量和生产灵活性，从而大大增强了传统产业在市场中的竞争力。在数字化供应链方面，数字技术和云计算等先进技术的应用使得传统产业的供应链管理插上了数智的翅膀，传统产业实现了供应链的可视化、高效化和协同化，降低了库存成本，提高了物流配送效率，增加了供应链的灵活性，从而提高了整体供应链效能。

战略性新兴产业是新质生产力的主要载体。新质生产力是以新技术、新业态、新模式为主要内容的生产力，战略性新兴产业正是这些特征在产业层面的具体体现。这类产业以重大技术突破与国家发展战略需求为基础，相较于传统产业具有更高的科技含量、创新活跃度和发展潜力。战略性新兴产业的兴起既代表着科技创新的方向，也引领着产业发展的方向，其发展对整个国民经济和社会影响深远。战略性新兴产业通过引入新技术、新工艺、新材料，催生了新的生产方式和商业模式，从而深刻地改变了中国的产业格局。例如，新一代信息技术、新能源、新材料等战略性新兴产业的崛起，使得生产过程更加智能化、绿色化，推动了生产关系的优化和升级，这种变革不仅提高了生产效率，也促进了全要素生产率的提升，为新质生产力的形成奠定了坚实基础。战略性新兴产业的快速崛起和发展也在一定程度上解决了新质生产力创新过程中的“路径依赖”问题，这类产业通过不断引入创新因素打破了传统产业的发展路径，推动了生产力的质的飞跃。[①] 同时，这些产业的兴起也为其他相关领域提供了示范和引领，形成了产业链的创新联动效应，促使整个社会生产体系向更高层次迈进。

未来产业是新质生产力的孵化地和孕育地。未来产业所涉及的技术和领域往往是当前科技发展的尖端，包括量子信息、基因技术等，这些产业在孕育和应用新技术方面发挥着引领作用，对新质生产力的形成和提升具有决定性的影响。未来产业是新技术的孵化器。在未来产业中涌现出的前沿科技往往是颠覆性的技术，这些颠覆性技术的突破和应用为新质生产力的创新提供了源源不断的动力。未来产业的研发和实践推动了科技的边界不断拓展，为新质生产力的发展开辟了广阔的前景。未来产业还是新产业形态的孕育地。未来产业往往涉及新的商业模式、新的产业组织形态，如数字经济、共享经济、人工智能服务等，这些新兴的产业形态通过创新的组织和管理方式为新质生产力的提升提供了新的路径。随着全球化的深入，未来产

---

① 诸竹君、宋学印、张胜利等：《产业政策、创新行为与企业加成率——基于战略性新兴产业政策的研究》，《金融研究》2021 年第 6 期。

业中的企业和技术创新不仅影响国内生产力的提升，也对全球产业分工和价值链的重新配置产生深远影响。中国在未来产业中的前瞻性布局，将有望助力中国在全球创新网络中占据更加重要的位置，从而在全球范围内推动新质生产力的发展。

三　实践路径

（一）创新人才培养体系，涵养新质生产力人才“蓄水池”

创新人才培养体系的构建是涵养新质生产力人才“蓄水池”的基础，不仅关系到国家科技实力的持续提升，也直接影响新质生产力相关产业的培育和崛起。首先，要不断优化和调整中国的高等教育体系，着力培养服务于新兴产业和未来科技发展的高素质人才。在科技创新方面，围绕“高精尖缺”实际需求建立起高水平科技人才队伍，推动高校学科专业结构的灵活调整，不断提升基础学科和新兴学科人才培养质量，确保其与新质生产力发展需求相适应。其次，要着力培养跨学科人才。跨学科人才的培养能够为新质生产力的发展提供丰富的人才资源，其不仅拥有专业领域的深厚知识，还具备跨越多个领域的能力，从而更好地适应和引领新质生产力的发展方向。学校应该调整学科设置，突破传统学科壁垒，鼓励学生在不同领域间灵活学习。创设跨学科的核心课程，让学生在解决实际问题时能够融会贯通不同学科的知识，培养综合运用各类前沿技术的能力。最后，教育与产业的深度结合是培养适应新质生产力发展要求的人才的关键环节。通过产学研一体化的人才培养模式，教育机构与企业建立紧密联系，以市场需求为导向调整课程设置，确保学生在毕业后能够顺利融入跨学科团队，推动教育和产业的良性循环。

人才“蓄水池”还需要不断完善人才评价机制和人才引进机制。[①] 在新质生产力的培养过程中，建立科学有效的人才评价系统至关重要。这一评价系统应当凸显分类管理与评价的原则，充分考虑不同领域和行业的人才特点，避免过于一般化的评价标准。通过科学细分，可以更准确地了解每一位人才在其专业领域中的实际表现，并有针对性地进行评价和培养。随着科技和产业的迅速发展，人才评价标准也需要动态调整以适应新兴职业和领域的发展需求。这种灵活性的评价体系能够更好地服务于新质生产力的人才培养，更好地满足多样化的人才需求。为了更好地激励人才，应当制定科学有效的学术激励政

① 叶永卫、李鑫、刘贯春：《数字化转型与企业人力资本升级》，《金融研究》2022 年第 12 期。

策，通过设立各类奖项和荣誉，充分肯定在学术研究和技术创新方面取得重大成就的人才。这样的激励机制有助于推动人才更加积极地投入到创新和研究中，为新质生产力的人才培养提供更有力的支持。此外，在新质生产力相关人才的培育过程中，完善人才引进机制也是构建良性循环的关键一环。为了在国际人才竞争中脱颖而出，需要制定国际人才竞争战略，要明确国家对于人才引进的政策方向，包括引进的重点领域、行业和类型，以确保引进的人才能够最大限度地服务于新质生产力的发展。要根据国家发展需求，有选择性地引进国家产业短板相关领域的高层次人才，这有助于迅速填补国内在关键领域的人才空缺，推动相关产业的发展。最后，为了人才引进的可持续性，要建立健全相关激励机制，包括对于引进人才的科研项目支持、职称评定、职位晋升等方面的激励政策。

（二）完善新型举国体制，加快形成关键核心技术的协同攻关体系

完善新型举国体制以促进新质生产力的发展需要从多个方面入手，包括政府引导、产学研协同、科技创新、市场机制等。首先，新型举国体制的建立应立足于国家发展的战略方向和政策导向。政府要积极制定相关的战略性规划文件、政策和法规，为新型举国体制的建立健全提供长期、明确的政策支

持，发挥新型举国体制在科技创新和产业升级等方面的重要作用，确保国家在新质生产力方面具有核心竞争力。其次，要依托新型举国体制建立产学研一体的创新协同机制，要搭建一体化的科研平台促使产业、高校和科研机构之间形成合作共赢的关系。政府可以通过提供科研项目资金、设立研发基地等方式，鼓励不同领域的专业力量协同攻关，形成协同创新的局面。在新型举国体制下，政府需要不断完善科技创新体系，瞄准发展新质生产力所急需的基础研究和前沿技术攻关，通过加大对科研项目的资金支持、制定创新激励政策、支持基础性前沿创新项目等措施，推动科技创新向新质生产力方向迈进。最后，要更多以市场机制推动创新资源在科技创新领域的有效配置。通过市场机制鼓励企业对市场所需技术投入更多研发经费，激发市场主体的创新活力，形成以市场为导向的创新生态系统。

此外，形成新质生产力还需要加快构建关键核心技术的协同攻关体系。首先，在政府的科技发展战略引导下，通过设立科技园区、创新基地等形式，鼓励企业、高校和研究机构建立产学研用一体的创新联盟。这种联盟机制可以涵盖全产业链，从基础研究到产业应用的各个环节，政府可以提供资金支持设立专项基金用于鼓励联盟成员共同攻关，从而实现协同创新的闭环。其次，为了促进信息共享和避免重复研发，政府可以推动建设信息共享平台，实现科技成果、市场需求、研究方向等信息和数据的共享和共促。政府要加强对此类科研平台的支持和监督，确保平台的公正、透明、高效运行。此外，政府还可以设立科研奖励机制，鼓励各科研主体在信息共享平台对关键核心技术的协同攻关。最后，财政支持和激励机制是关键核心技术的协同攻关体系的核心。政府可以设立专项资金用于支持可协同攻关项目，不断完善科技成果研发激励、知识产权保护等制度，鼓励各方积极参与科技攻关。这样一方面可以提高市场各主体的创新积极性，另一方面也有助于畅通创新成果的产业化路径。

（三）建设现代化产业体系，前瞻性培育壮大战略性新兴产业和未来产业

首先，需要加强前瞻性规划与顶层设计，推动建设现代化产业体系。要制定长远的国家产业规划战略，明确未来发展的方向和目标，同时整合地方政府的产业规划与国家整体战略，促使资源合理配置，实现全局性的均衡发展。要加紧研判战略性新兴产业和未来产业的方向，紧密关注科技创新的前沿领域，通过科学的产业分析和市场预测明晰未来产业发展的主要方向和趋势。还要通过科学的产业空间规划，避免产业过度集

中，形成区域之间互补互促的产业布局，提升整体产业发展效能，推动区域经济协同发展。总体而言，政府要制定科学的产业政策和规划，引导各类创新资源投入，确保国家的产业体系向现代化产业体系稳步迈进，为新质生产力的科技创新和产业升级提供有力的战略支持。

其次，要不断推动产业结构调整和转型升级。各类产业要积极开展市场调研和科技前瞻性研究，深刻把握市场需求、科技趋势和产业未来发展方向。在此基础上，战略性新兴产业和未来产业要注重科技创新，不断推动技术和管理创新，通过引入先进的生产技术和管理方法提高生产效率和产品质量。传统产业也需要主动进行数字化转型，从而实现传统产业与新技术的深度融合。例如，在制造业中引入物联网技术，实现设备之间的智能连接，提高生产自动化水平。产业要紧密结合科技创新，将新技术、新科技有机融入生产体系，通过引入数字化技术、智能化设备以提高生产效能，同时加强与高校、研究机构的合作，共同攻克关键技术难题，为新质生产力的发展提供强有力的产业支持。

最后，要构建起良好的产业生态环境，促进战略性新兴产业和未来产业的良性循环发展。产业生态环境建设要注重政策制度的优化和创新。政府应当制定符合产业发展趋势的政策，为战略性新兴产业和未来产业提供更多的支持和激励。此外，还需要建立起健全的法规体系保障产业的合法权益，形成公平竞争的市场环境。产业生态环境建设还要注重人才和资本的引入。政府可以通过制定更加灵活的人才引进政策，吸引更多高层次、高技能的专业人才加入战略性新兴产业和未来产业。同时要鼓励金融机构加大对战略性新兴产业和未来产业的支持，提供更加灵活的融资服务，为其发展提供充足的资金保障。产业生态环境建设还要注重创新平台和产业链的搭建。要鼓励企业之间建立合作伙伴关系，形成完整的上下游产业链，实现各个环节的有机衔接，提高整个产业的创新和竞争力。通过产业生态环境的建设，可以为战略性新兴产业和未来产业提供更好的发展基础，从而培育起新质生产力发展的内生动力。

（四）加快建设全国统一大市场，发挥超大规模市场的创新优势

首先，要不断完善市场体系基础制度，为新质生产力的发展创造良好的制度环境。第一，要建立依法、平等、全面保护各类所有制企业产权的制度，确保企业在全国范围内享有一致的产权保护，提高新质生产力相关企业的投资信心和发展动力。第二，要全面实行负面清单制度，通过清理废除妨碍统一市场和公平竞争的规定和做法构建全国统一市场，为企业提供

更为统一和可预期的市场环境。第三，要全面完善市场的公平竞争制度，加强公平竞争审查的刚性约束，推动生产经营主体充分竞争，实现资源的优化配置。第四，要建立全国统一市场的管理模式，通过全面落实“全国一张清单”形成全国一体化市场，发挥超大规模市场的优势，为企业提供更广阔的发展空间①。总体而言，要在产权保护、负面清单、公平竞争和管理模式等方面夯实市场基础制度，创造更加公平、透明、有序的市场环境，为全国统一大市场的构建打下坚实基础，确保市场体系的有效运行。

其次，要促进要素资源的高效配置，以各类要素的创新性配置促进新质生产力。要建立各类生产要素自主有序流动的要素市场体制机制，推动各类生产要素向战略性新兴产业和未来产业充分流动。推动经营性土地要素市场化配置，通过市场机制引导土地要素向新兴产业流动；促进创新型劳动力要素的有序流动，创新就业渠道和就业方式，确保各类人才的创新潜力得到充分发挥；深化金融体制改革，建设更加开放和健康的资本市场，鼓励各类资本流向战略性新兴产业和具有创新潜力的

① 马建堂：《建设高标准市场体系与构建新发展格局》，《管理世界》2021 年第 5 期。

领域，提高资本的配置效率；发展知识、技术和数据要素市场，着力构建健全的知识产权保护体系，通过构建开放协同的创新合作平台、推进数据开放与共享、设立技术交易平台以及加强创新人才培养等方式促进知识、技术和数据要素的市场化流通和高效配置。总体而言，要充分发挥超大规模市场的集聚效应和规模效应，为各类生产要素提供更通畅的流通渠道，以全国统一大市场让各地区和行业之间的优势得以充分发挥。

再次，强化市场基础设施建设，提高流通效率，推动分工深化。数字时代市场基础设施建设提高了流通效率，促进了分工深化和广化，对于建设全国统一大市场、加快形成新质生产力具有关键性意义。第一，加强交通网络建设，实现各地区之间的迅速联通，缩短商品和要素的流通时间，提高运输效率。这将有助于打破地域障碍，使得商品更加便捷地流通到全国各地，为产业协同发展提供有力支撑。第二，加快建设智慧物流系统和电子商务平台，实现对物流、库存等信息的精准监控和管理，提高生产和供应链的透明度和灵活性。通过数字化技术的广泛应用，企业可以更好地进行生产分工协作，实现供需双方的精准对接，这不仅有利于降低生产成本，还能够促进产业链上下游的有机衔接，形成更为紧密的产业生态系统。第三，金融基础设施的完善也有助于提高新质生产力，快速、便捷的支付系统不仅能够缩短交易周期，降低交易成本，还有助于激发消费，推动市场需求的扩大。

最后，完善现代化市场监管机制，正确处理政府与市场关系。现代化市场监管机制是确保市场健康有序运行的必要保障，第一，要注重推进综合协同监管，通过“双随机、一公开”监管、信用监管以及“互联网+监管”等手段，实现对市场的全面覆盖和有效监管。这将有助于提高监管的精准性和效率，降低违规行为的成本，为市场主体提供公平竞争的环境。第二，要正确处理政府与市场的关系，要加强政府的市场规制能力，同时避免政府的过度干预行为，使政府的作用更多地体现在制定公平竞争的制度规则、维护市场秩序、保障消费者权益等方面。第三，要通过技术手段的创新，如大数据、人工智能等技术的运用，提升监管的智能化水平，实现更为精准的监管。这将有助于快速识别市场中的问题和风险，及时采取有效措施，提高监管的前瞻性和主动性。同时，跨部门协同监管也是建设现代化市场监管机制的必要手段，不同领域的监管机构要加强协同配合形成合力，为市场的平稳运行提供更为有力的支持。

（五）深化要素市场化配置，激发人才、资本、数据等创新要素活力

人才是国家发展的基础，人才要素对于新质生产力的发展

具备支撑性作用。要不断完善人才培养机制、使用机制、激励机制和竞争机制，创造良好的人才成长环境，培养更多的战略科学家、卓越工程师和大国工匠，为制造强国建设提供坚实的人才支撑。同时，要推动数据要素与人才要素的相互赋能，培养具有数字化思维和技能的人才，以适应数字经济时代的发展。要注重人才发展与产业发展的融合，通过政策层面的规划确保人才发展紧跟产业发展的需求，紧密跟踪产业发展动态，实现人才发展与产业发展的同步推进，有效推动新质生产力的形成。要积极改进创新环境，激发人才的创造力，通过搭建创新创业平台和科技成果转化平台，充分调动各类人才的积极性和创造性，培养更多具有国际水平的战略科技人才、科技领军人才和创新团队，为新质生产力的发展贡献更多力量。要优化人才“引育留用”全链条，使人口红利转化为人才红利，为新质生产力的不断涌现提供强大的人才支撑。

为适应新质生产力的发展，需要建立健全数据要素产权制度体系，培育发展数据要素市场。首先，要从法律层面明确数据要素的产权归属问题，设立全国性的数据确权登记平台，以确保数据在整个流通过程中产权明晰。同时，制定数据要素的价值评价体系，为数据要素的评估和交易提供科学依据。其次，完善数据要素市场，通过定价机制和交易规则促进数据要素市场的发展和繁荣。还要加强数据开放共享，打破数据要素壁垒，促使数据在流通中发挥更大价值。最后，强化数据信息安全，建立健全数据风险的应急响应机制，确保数据在全生命周期内的安全性。除了数据要素相关制度的完善，还要制定更加统一和开放的数字产业标准体系。建立国际一流水平的数字产业集群，加强数字产业的长期规划和战略，确保数字产业的健康发展。促进数字技术与实体经济的深度融合，实现数据要素和数字技术在决策、生产、运营环节的广泛应用，推动传统产业的数字化转型和智能化升级。

形成新质生产力还需要优化金融市场的“供血”功能。首先，要充分发挥资本市场的积极作用，通过健全多层次资本市场，提供覆盖企业全生命周期的金融服务，促进创新创业和产业升级。其次，要壮大风险投资市场，提升创业风险投资规模，支持革命性、颠覆性技术领域初创企业的发展。各类金融机构在支持企业科技创新和产业转型升级中扮演着关键角色。再次，要鼓励金融机构积极开发创新信贷产品，深度参与科技企业的发展，加大科技专项贷款和产业发展专项贷款支持力度，提升各类金融机构在科技攻关和产业升级项目中的参与度。最后，全面支撑新质生产力发展需要进一步完善金融体系，要加强金融科技、绿色金融、社会资本等方面的探索和创新，通过金融科技的应用提高金融服务的普及和便捷性，在绿色金融方面鼓励金融机构支持环保产业促进可持续发展，通过吸引社会资本推动金融资源更好地服务实体经济，加速科技成果的商业化进程。

（六）坚持扩大开放和合作共赢，打造全球性的开放创新生态

首先，拓宽中国产业的国际市场发展空间。技术创新是中国企业在国际市场竞争力的根本来源。政府要加大对科研机构和企业的资金支持，增加在前沿科技领域的人力、物力、财力投入，确保新兴产业能够掌握关键技术的自主知识产权。同时，建立国际合作平台，吸引全球优秀科研团队和高端人才，促进国际技术交流与合作，提高中国产业的创新能力。产业链的协同发展对于拓宽中国在国际市场的发展空间也至关重要。要通过深化产业链合作，加强上下游企业之间的协同创新，形成完整的产业链条。此外，通过建设产业园区和科技园，提供企业共享的研发、生产、测试等基础设施，有助于促进产业集聚效应的形成，为新兴产业提供更为良好的发展环境。在国际市场中，品牌形象的建设也是关键一环。要积极推行品牌战略，打造有国际竞争力的品牌形象，提高中国新兴产业在国际市场的知名度和美誉度，同时针对国际市场的不同文化和消费习惯，制定差异化的市场营销策略，提高产品的国际适应性。

其次，以新质生产力深化国际合作。当前全球经济深度融合，各国之间的联系更为密切，相互依存日益加深。新质生产力理念的提出，不仅为国内经济发展注入了新动力，更为全球合作与发展提供了新契机。中国应当紧密携手国际社会，加强全球合作，推动和引领世界范围内新质生产力的形成。中国应主动创造开放的国际科技合作环境，借鉴并学习国际先进技术和经验，结合自身科技优势，积极构建全球创新中心，通过对全球创新资源的吸引和利用提升中国在全球创新网络中的影响力。在外贸领域中国要积极推动多元合作机制的形成。当前，全球经济面临多重不确定性因素，中国应当捍卫多边主义，反对经济脱钩和各种不合理的经济制裁。在维护国际规则的前提下，中国要积极推进多边自由贸易，并加强共建“一带一路”合作，实现互利共赢，为全球经济的共同繁荣贡献力量。

最后，积极融入和引领全球开放创新生态。积极融入和引领全球开放创新生态是推动新质生产力发展的重要举措。在当今全球化的背景下，开放创新生态体系为各国共同发展提供了巨大机遇，中国应当主动融入这一生态系统，同时以自身发展为引领，共同构建开放、包容、互利的全球创新生态。在科技、教育、文化等领域，中国应加强国际合作，与其他国家共享科研成果、知识技术，推动全球创新要素的高效流通，建立联合实验室、科研机构共同解决全球性挑战，形成更紧密的创新伙伴关系。中国作为全球最大的制造业大国，应当引领全球产业链的创新升级，通过推动工业互联网、人工智能等技术在制造业的广泛应用，提高全球制造业的智能化水平，引领全球产业链向高端迈进。在全球开放创新生态中，中国还应积极参与国际规则的制定，为全球创新合作提供更加稳定和透明的秩序保障。同时，倡导创新共享理念，推动知识产权的合理开放，以开放的创新生态引领新质生产力的发展。

（七）推动绿色科技创新和政策工具优化，走绿色发展之路

新质生产力还是更加绿色化、低碳化的生产力。以新质生产力推动形成绿色低碳的现代化产业体系，彰显了我国经济高质量发展的绿色底色，有助于实现人与自然和谐共生的中国式现代化。

首先，要加快绿色科技创新，以绿色技术推动产业绿色转型。第一，加大对企业绿色科技研发的财政支持和创新激励。要建立绿色创新专项基金为企业提供资金支持，帮助其克服初始投入和创新失败风险，牵头建立绿色技术的创新攻关平台和联合研究机构，创造有利于绿色科技创新和应用的良好科研环

境，推动绿色技术从实验室到市场的落地转化。科技创新激励对于创新成果产出至关重要，一方面要通过研发补贴、成果奖励和税收优惠等经济激励政策来鼓励企业在低碳环保领域进行积极创新，另一方面要完善知识产权保护制度，确保企业的自主创新成果得到充分的保护。第二，要加强国际科技交流与合作，携手国际社会共同攻克技术难题，提高全球绿色科技的水平。中国要积极参与和引领国际绿色技术标准体系的构建，加速绿色技术在全球范围的推广和应用。第三，要及时将绿色科技创新成果应用到相关产业和产业链上。在绿色制造业方面，通过税收优惠和科研资金支持鼓励企业加大对环境保护、能源利用、低碳排放等方面的研发投入，制定绿色技术标准和制造示范项目引导企业绿色生产。在绿色服务业方面，支持绿色咨询服务机构提供环保技术咨询、能耗评估等服务，鼓励企业进行绿色认证提升绿色服务水平。在绿色能源产业方面，鼓励企业在可再生能源领域进行创新研究，加强清洁能源基础设施建设，促进绿色清洁能源的开发与利用。在绿色低碳产业和供应链方面，要以链长企业和龙头企业为牵引推动整条产业链的绿色转型升级，建立绿色供应链管理标准，确保整个供应链环保和社会责任落实到位。

其次，要优化绿色低碳发展的政策体系，打造世界级生态绿色产业集群。第一，要加强顶层设计和政策扶持。目前，我国已经明确了绿色发展方向和目标，将碳达峰碳中和目标纳入了国家发展规划。在国家战略的引领下，我国还需要不断推动绿色产业相关法规和标准的完善，强化对高耗能、高污染产业的整治，同时建立绿色发展激励机制为符合环保标准的企业提供税收、贷款等方面的优惠政策。第二，要建立绿色金融体系，引导资金向低碳、环保的方向流动。鼓励金融企业和机构开发多元化绿色金融工具，发挥绿色金融在弥补传统金融工具不足、激发绿色创新等方面的优势。第三，要打造世界级的生态绿色产业集群。具有国际竞争力的绿色产业集群是我国产业在全球价值链地位实现攀升的关键，要聚焦新科技革命的前沿领域，构建起产业集群发展的良好生态环境，布局建设一批具有国际影响力的绿色产业集群，以集群发展推动绿色产业规模壮大和核心竞争力的提高。

最后，要加强宣传引导，在全社会形成健康绿色的生活理念。一方面，通过教育和宣传，在学校、社区等场所设立绿色生活教育课程，提高公众对绿色生活方式的认识，同时通过各类媒体广泛宣传绿色生活理念，向公众普及低碳环保的重要性和必要性。另一方面，通过制定绿色消费激励政策，如税收优惠、购物券等，鼓励消费者养成更加环保的消费习惯。在社会参与和互动方面，积极组织绿色活动，如绿色生活展览、环保志愿服务等，通过绿色社区、绿色建筑、垃圾分类等方式引领社区居民过上更环保、健康的生活。此外，还要支持绿色产业创新，鼓励企业提供更多绿色产品，通过绿色市场宣传让公众更直观地了解和接触绿色产品，从而在全社会逐渐形成更积极的绿色生活理念。

第四章

重要着力点

习近平总书记在主持召开新时代推动东北全面振兴座谈会时强调："积极培育新能源、新材料、先进制造、电子信息等战略性新兴产业，积极培育未来产业，加快形成新质生产力，增强发展新动能。"① 新质生产力突出表现在新科技新产业和数字经济等发展领域。数字经济与数字技术是新质生产力的代表性质态和主要载体，是把握新一轮科技革命和产业变革新机遇的战略选择，为产业结构的升级提供保障；战略性新兴产业与未来产业，是构建现代化产业体系的关键，是生成和发展新质生产力的主阵地。发展新质生产力应重点从数字经济与数字技术、战略性新兴产业和未业产业三个方面出发，开辟新赛道，打造新优势。

① 《习近平在黑龙江考察时强调　牢牢把握在国家发展大局中的战略定位　奋力开创黑龙江高质量发展新局面》，《人民日报》2023 年 9 月 9 日第 1 版。

一　数字经济与数字技术

（一）数字经济是新质生产力的时代背景和战略选择

社会主义现代化强国建设，必须把握好新一轮科技革命和产业变革带来的巨大机遇，依靠自主创新，加快形成新质生产力，构筑国家竞争新优势。习近平总书记指出，发展数字经济是把握新一轮科技革命和产业变革新机遇的战略选择。[①]《2022—2023 全球计算力指数评估报告》显示，全球主要国家数字经济占 GDP 的比重持续提升，预计样本国家整体比重将从 2022 年的 50.2% 增长到 2026 年的 54.0%。[②] 数字经济是新质生产力的时代背景和重要表现，数据、算法和算力三重生产力要素变革以新要素、新动力与新方法助推新质生产力的形成，三大核心要素相辅相成，融合发展，构成未来信息时代的关键支柱。

1. 数据成为关键生产要素

数据代表着人类对客观事物的描述，利用它们能够对相关事物进行分析和预测，包括图、文、声、像等各种信息，以及

---

① 习近平：《不断做强做优做大我国数字经济》，《求是》2022 年第 2 期。

② 国际数据公司 IDC、浪潮信息、清华大学全球产业研究院：《2022—2023 全球计算力指数评估报告》，2023 年 8 月 14 日，https://www.igi.tsinghua.edu.cn/info/1019/1321.htm。

将它们转化为计算机可以识别的二进制代码的集合。其参与到人类的经济生产活动中成为创造社会财富的重要源泉，就形成了数据要素。[①] 2019 年，党的十九届四中全会审议通过的《中共中央关于坚持和完善中国特色社会主义制度 推进国家治理体系和治理能力现代化若干重大问题的决定》，首次将数据作为与劳动、资本、土地、知识、技术、管理并列的生产要素。数据是数字经济时代的基础性资源，不同于传统以劳动、资本和土地等要素为主的生产模式，新质生产力的高质量发展依托海量数据资源而展开。在“万物皆数”的当今社会，数据是数字信息的载体，数字生产力的本质在于对数据资源的开发和使用，0 和 1 状态的数据构成了数字经济生产与生活的起点。中国具有数据规模和应用优势，依托于数字技术，大量数据资源得以被收集起来，实现数据规模暴增。《数字中国发展报告（2022 年）》显示，中国数据资源规模快速增长，2022 年国内数据产量达8. 1 ZB，同比增长 22. 7%，全球占比达 10. 5%，位居世界第二。截至 2022 年年底，国内数据存储量达 724. 5 EB，同比增长 21. 1%，全球占比达 14. 4%。[②]

---

① 韩文龙主编：《数字经济学》，中国社会科学出版社 2022 年版，第 5 页。

② 国家互联网信息办公室：《数字中国发展报告（2022 年）》，2023 年 5 月 22 日，http：//www. cac. gov. cn/2023 -05/22/c_ 1686402318492248. htm。

数据要素的应用优势渗透进社会生产的各领域，推动人类价值创造能力发生新的飞跃。数据的可复制性、生产依附性倍增，共享性以及无限增长与供给等技术特征使得数据展现出极大的经济效益。宏观层面，数据要素既可以推动传统产业数字化转型升级与深层次改革，实现产业数字化发展，也可以推动数字产业化，产生新的需求和生产模式，加大自主创新投入力度与创新成果转化，解决关键技术“卡脖子”问题。微观层面，数据作为生产要素能直接驱动经济增长，也能发挥生产倍增作用优化要素资源配置，为企业提供决策依据，间接提升生产效率。数据要素资源技术特性使其能够突破要素资源有限的制约，为实现持续生产提供保障。

2. 算力构成动力变革的工具

未经处理的数据只能是静态的数据资源，数据要素很难单独直接创造价值。通过算力处理后的大数据才能为算法所用，释放潜在价值，算力为大数据的发展提供支持。算力是衡量在一定的网络消耗下生成新的单位的总计算能力。互联网时代的大数据高速积累，全球数据总量几何式增长推动算力水平及其对于经济影响程度的持续攀升。

中国国家算力水平处于国际领先地位，但不同行业与具体应用层面算力水平差异显著。国际数据公司 IDC、浪潮信息、清华大学全球产业研究院联合编制的《2022—2023 全球计算力指数评估报告》（以下简称《报告》）显示，在国家算力指数层面，美国和中国依然分列前两位，同处于领跑者位置；在行业层面，互联网、制造、金融、电信和政府占据全球计算力水平行业前五位。其中，制造业的 IT 投入产出比表现更好。在应用层面，IDC 预测，全球 AI 计算市场规模将从 2022 年的 195.0 亿美元增长到 2026 年的 346.6 亿美元，其中，以生成式 AI（如 ChatGPT）为首的应用表现强劲，在整体 AI 计算市场的占比将从 4.2% 增长到 31.7%，成为驱动各行业创新发展的重要引擎。①

全球数字经济持续稳定增长，算力已经成为推动数字经济发展的核心支撑力和驱动力。《报告》指出，计算力指数平均每提高 1 个点，国家的数字经济和 GDP 将分别增长 3.6‰和 1.7‰，且预计该趋势在 2023—2026 年将继续保持。其中，制造业全球 Top 30 的企业中，IT 每投入 1 美元，可以拉动 45 美元的营收额产出、6 美元的利润产出。② 加大算力投资可能带

① 国际数据公司 IDC、浪潮信息、清华大学全球产业研究院：《2022—2023 全球计算力指数评估报告》，2023 年 8 月 14 日，https://www.igi.tsinghua.edu.cn/info/1019/1321.htm。

② 国际数据公司 IDC、浪潮信息、清华大学全球产业研究院：《2022—2023 全球计算力指数评估报告》，2023 年 8 月 14 日，https://www.igi.tsinghua.edu.cn/info/1019/1321.htm。

来经济增长率的跃升，实现对于产业数字化和数字产业化的赋能。然而随着人工智能算法模型的复杂度和精度越来越高，互联网和物联网产生的数据呈几何倍数增长，当前对于算力的需求越来越大，给现有算力提出了巨大挑战。中国原有单纯依靠芯片实现算力增长的模式提升变缓，算力的发展迫在眉睫，否则将会极大地束缚人工智能的发展应用。

3. 算法引领现代科技发展

算法是对问题解决方案的完整描述，指明了机器所试图实现的现实目标，以及实现该现实目标的路径与方法。① 大数据时代，海量数据与超级算力赋予算法更广阔的应用空间，算法能力的发挥很大程度上依托于大量数据的收集和整合，算法的实际运行过程又会受到计算机算力水平的影响。算法、数据与算力之间紧密联系，相互依存。算法构成大数据时代的底层逻辑，其被广泛应用于内容生产、商业营销、智能驾驶、辅助医疗、智慧政府和金融服务等多个领域，对人类生产、生活和治理模式都产生了重要影响。

随着机器学习和深度学习等技术的发展，越来越多的算法

---

① 贾开、蒋余浩：《人工智能治理的三个基本问题：技术逻辑、风险挑战与公共政策选择》，《中国行政管理》2017 年第 10 期。

被应用于人工智能领域，在机器学习算法的推动下，搜索引擎、生物识别、自然语言处理、图像识别、推荐系统和无人驾驶等领域取得了长足进步，机器智能水平有了极大的提升。深度学习算法的发展，构成挖掘数据智能的有效方法，实现了人工智能算法理论的创新突破。在人工智能领域中，算法决定了机器如何处理数据，并作出相应的决策。AI 开源算法框架包括开源基础算法框架和开源应用算法工具，前者作为基础，提供通用的机器学习和深度学习的算法集成服务，后者面向计算机视觉、语音处理等特定领域提供专用性技术服务，推动人工智能的顺利运行。

大数据时代，互联网与平台为算法的发展提供了物质条件和应用环境，提升了算法影响的广度、深度、覆盖范围。数据和算法实现精准匹配，能极大地节约搜寻成本、提高配置效率，但同时，数据和算法也是推动平台等主体限制竞争和实现垄断的最重要武器之一。例如，市场上出现的基于数据和算法，实施的差别化和歧视性行为（如“大数据杀熟”）、利用算法引导消费（如软件点开跳转到购物页面）以及拒绝交易等数据滥用行为。算法使用不当所产生的算法操纵、算法歧视、算法黑箱等现实问题日益威胁个人利益与社会稳定，对其展开治理有着紧迫性和必然性。

（二）数字技术是形成新质生产力的重要支撑

全球正在经历一场更大范围、更深层次的科技革命和产业变革。类脑智能、量子信息和区块链等前沿数字技术布局正在引发世界创新版图的更迭，重塑全球格局。把握数字技术发展机遇，率先实现关键技术攻关是中国抓住历史机遇，占据国际竞争优势的重要方式。数字技术创新发展，实现核心技术与原创性技术的颠覆性突破是整合科技创新资源，引领发展战略性新兴产业和未来产业，加快形成新质生产力的重要抓手。数字技术作为一种通用目的技术，被广泛应用于经济社会各行各业，能促进社会整体全要素生产率的提升，开辟经济增长新空间。

《中华人民共和国国民经济和社会发展第十四个五年规划和2035年远景目标纲要》指出，要从云计算、大数据、物联网、工业互联网、区块链、人工智能以及虚拟现实和增强现实等重点产业入手，明晰了数字经济的现实需要与数字技术的发展方向。大数据产业的发展是激活数据要素潜能的关键支撑，物联网技术、虚拟现实和增强现实技术推动实现数据挖掘、收集、处理和传输等一系列操作，提升内容采集与环境建模的精准度；云计算技术能够充分放大计算能力，实现算力的突破发展。算法的优化及其与各领域的结合是数字经济发展的关键，依赖工业互联网建立产业发展生态系统，通过区块链技术加强数据安全使用与监管，发展人工智能技术，提升生产效率与生产智能化水平。

1. 数据生成到处理——大数据产业

大数据产业是以数据生成、采集、存储、加工、分析和服务为主的战略性新兴产业，大数据分析技术的应用能够从庞大的数据储备中提取有效信息，从而辅助企业生产决策，推动其产品和服务质量的优化。大数据产业包括数据资源的建设、相关软硬件产品开发、销售和租赁活动以及相关信息技术服务。“十三五”时期，我国大数据产业快速起步，大数据产业规模年均复合增长率超过 30%，2020 年超过 1 万亿元，发展取得显著成效，逐渐成为支撑我国经济社会发展的优势产业。[①] 然而，人们对于大数据应用认知的差异、复合型数据人才供给的不足以及数据使用安全等一系列问题影响大数据产业的健康稳定发展。应从数据要素市场和高效产业链建设以及加强数据治理能力等方面入手规范数据开发利用，推动大数据产业发展。

---

① 《工业和信息化部关于印发“十四五”大数据产业发展规划的通知》（工信部规〔2021〕179 号），2021 年 11 月 15 日，https：//www. gov. cn/zhengce/zhengceku/2021 - 11/30/content_ 5655089. htm。

2. 数据采集到运输——互联网、物联网及虚拟现实和增强现实产业

数据的收集和传输要借助于互联网技术、物联网技术发展。互联网技术是数据信息搜集和传输的关键，一方面，推动5G的普及、应用与完善，促进智慧交通、智慧物流和智慧医疗等现代化建设，推动6G技术的研发是其关键发展方向。另一方面，以物联网技术为导向，虚拟现实和增强现实等技术突破为基础，通过传感器、网络切片和高精度定位等技术创新，培育车联网、智能家居和智慧农业等新兴产业是其未来发展趋势。

物联网技术可以将各种传感器、设备和物品连接起来，实现信息的互联互通。例如商品上附的二维码，利用射频技术在商品上植入芯片，消费者通过扫码即可了解到该商品的生产与流通过程。因此，物联网主要涉及传感器、芯片和其他设备制造业与软件应用等行业。虚拟现实和增强现实等技术突破能够通过动态环境建模、实时动作捕捉等技术形成三维图形，既能感知并采集更多数据信息，又能提升视听体验，增强娱乐品质。可广泛应用于游戏、教育和旅游等领域。

3. 算力的强化——云计算产业

云计算是算力的放大器，是一种基于互联网的分布式超级

计算模式。其由多个分散的服务器通过网络连接起来形成“云”协同计算，单个的计算机算力水平可能一般，但通过“云”联合的计算能力可实现突飞猛进的增长，甚至可以让你体验每秒10万亿次的运算速度。云计算是在大规模数据中心所构建的资源池之上，构建起来的计算能力、储存空间和软件服务，可免费或有偿租赁给他人使用，其资源不断得以扩展和变现，成为数字经济时代经济增长的重要保障。其未来发展的重点在于加快构建全国一体化大数据中心，强化算力统筹调度，推动大规模分布式存储和弹性计算等技术创新，实现云计算的大规模安全运转。

4. 算法的精进与使用——工业互联网、区块链与人工智能

工业互联网是信息技术与工业生产融合的产物，其利用互联网技术实现人员、机器设备、系统与产品的全面连接，是数字技术与实体经济融合发展的重要应用。将传感器、大数据分析和云计算技术等相结合加入工业生产与管理，推动实现智能化制造、个性化定制、网络化统筹以及数字化管理，推动生产的降本增效、生产溯源和产品与服务质量提升，有力地促进传统产业数字化转型，加快形成新质生产力。

区块链是一种分布式数据库技术，为社会提供了一种透

明、高效、完整且安全的数据管理方式，广泛应用于生产生活各领域。去中心化权力架构等技术特性为各行业提供了一种更安全、透明和高效的数据管理方式。去中心化和共识信任机制的组织架构，解决了不同节点之间的一致性问题，确保数据的准确性；分布式数据存储与管理、不可篡改和基于密码学的加密算法，使数据被保存在网络中的多个节点上，增强了数据的可信度和传输安全；数据透明性和可见性为数据溯源和公平使用提供了依据。区块链技术广泛应用于供应链管理、金融、政务服务和医疗等多个领域，构成数字经济的重要助力。

人工智能是算法的关键运用，其关键在于通过算法模拟人类智力系统处理信息。通过感知技术、自然语言处理和计算机视觉等技术，利用传感器和设备使得人工智能理解和解释环境中的信息。再通过机器学习等算法，使机器能够通过大量的数据和经验学习并进行自我调整。通过自主决策和专家系统等技术，作出决策并解决复杂的问题，如无人驾驶汽车和机器人。作为通用技术变革，其广泛应用于交通、制造、休闲娱乐等各个板块，推动生产生活的高效和便利化。

二　战略性新兴产业

数字经济与数字技术推动传统产业结构转型升级，为战略性新兴产业和未来产业的发展提供技术支持和经济保障，对于赋能新质生产力发展具有重要作用。战略性新兴产业和未来产业作为现代化产业体系建设重要领域，构成新时代发展新质生产力的主要阵地和着力点，是国家培育发展新动能、赢得未来竞争新优势的关键所在。2010 年，《国务院关于加快培育和发展战略性新兴产业的决定》指出，战略性新兴产业是以重大前沿技术突破和重大发展需求为基础，对经济社会全局和长远发展具有重大引领带动作用的产业，具有知识技术密集、物质资源消耗少、成长潜力大、综合效益好以及重大引领带动作用等一系列产业技术特征，是深刻把握科技革命和产业变革趋势的必然要求。①

近年来，战略性新兴产业在国内迅速壮大。“十四五”开局两年多来，战略性新兴产业增加值年均增长 15.8%、占 GDP 比重超过 13%。② 具体来说，一是战略性新兴企业规模不断壮大，截至 2023 年 9 月，战略性新兴产业企业总数已突破 200 万家。其中，生物产业、相关服务业和新一代信息技术产

① 《国务院关于加快培育和发展战略性新兴产业的决定》（国发〔2010〕32 号），2010 年 10 月 10 日，https://www.gov.cn/zhengce/content/2010-10/18/content_1274.htm。

② 数据来源于《〈中华人民共和国国民经济和社会发展第十四个五年规划和 2035 年远景目标纲要〉实施中期评估报告》。

业企业占比最多，分别为25%、19%和17%。二是“新三样”产品增势迅猛，2023年前三个季度，以电动载人汽车、锂离子蓄电池、太阳能电池为代表的“新三样”产品合计出口同比增长41.7%。2023年11月，我国新能源汽车产销首次双双突破百万辆，产量为107.4万辆，销量为102.6万辆，同比增幅分别为39.2%和30.0%，市场占有率达34.5%。三是机器人产业总体发展水平稳步提升，中国的机器人安装量在2022年达到290258台的新高峰，占全球安装量的52%，运行存量突破150万台的历史纪录。四是新材料产业规模迅速壮大。2023年前9个月，中国新材料产业总产值超过5万亿元，保持两位数增长。①

（一）战略性新兴产业分类与发展现状

根据其技术特征表现，国家统计局将战略性新兴产业分为：新一代信息技术产业、高端装备制造产业、新材料产业、生物产业、新能源汽车产业、新能源产业、节能环保产业、数字创意产业以及相关服务业九大领域，涉及计算机制造、半导体器件专用设备制造、工业机器人制造、飞机制造、航天器及运载火箭制造、有色金属合金制造、生物药品制造、发电机及

① 《从业界新变化看战略性新兴产业的2023年》，2024年1月16日，https://www.ndrc.gov.cn/wsdwhfz/202401/t20240116_1363298.html。

发电机组制造、新能源技术推广服务、太阳能器具制造、电影机械制造、应用软件开发和自然科学研究和试验发展等近1000个行业。①

新一代信息技术产业是其他产业的技术基础，涵盖下一代信息网络产业、电子核心产业、新兴软件和新型信息技术服务、互联网与云计算、大数据服务以及人工智能等产业。② 新一代信息技术产业发展成果产出多为通用性技术，应用领域广泛，辐射带动作用极强，推动众多产业行业生产发展与人民生活的便利化。例如，5G通信技术可以推动物联网和智慧城市的建设，人脸识别等生物识别技术可用于手机解锁、安防和金融服务安全管理，无人驾驶技术推动智能交通的发展，等等。新一代信息技术产业作为最大的战略性新兴产业，其发展迅速且起到了拉动经济的引擎作用。2023年，我国5G基站总数达337.7万个，具备千兆网络服务能力的端口达到2302万个，移动物联网终端用户对移动网络终端连接数的占比为57.5%，“5G+工业互联网”项目数超过1万个，电信业务收入同比增长6.2%，电信业务总量同比增长16.8%，信息基础建设不断

① 《战略性新兴产业分类（2018）》，2018年11月7日，https://www.stats.gov.cn/xw/tjxw/tzgg/202302/t20230202_1893984.html。

② 《战略性新兴产业分类（2018）》，2018年11月7日，https://www.stats.gov.cn/xw/tjxw/tzgg/202302/t20230202_1893984.html。

完善，信息技术应用逐渐扩展。① 以工业互联网为代表的新一代信息技术加速应用突破，已融入45个国民经济大类，赋能实体经济数字化、网络化、智能化转型升级。5G、人工智能、物联网等技术与教育、医疗等领域深度融合，公共服务数字化水平明显改善。超高清视频、数字渲染、全息互动等数字技术加速渗透，广泛应用于赛事直播、文体旅游等领域，为人民群众带来高品质全新体验。②

高端装备制造业又称先进装备制造业，是指生产制造高技术、高附加值的先进工业设施设备的行业，主要包括航空装备业、卫星制造与应用业、轨道交通设备制造业、海洋工程装备制造业、智能制造装备业五大细分领域。③ 常见的生产产品有发动机、数控机床、传感器、控制器、太阳能发电装备和工业机器人等，主要用于航空、铁路、海运以及智能制造等多个领域，构成其他产业发展的设备基础。高端装备制造业以高技术为前提，处于产业链的高端位置，具有高附加值的经济效益，要求高精度、

---

① 《工业和信息化部：2023年工业经济总体呈现回升向好态势　信息通信业加快发展》，2024年1月19日，https：//www. miit. gov. cn/xwdt/gxdt/ldhd/art/2024/art_ fb1ca760af7c40578600f3a62cfcab22. html。

② 《国务院新闻办就2023年前三季度工业和信息化发展情况举行发布会》，2023年10月21日，https：//www. gov. cn/lianbo/fabu/202310/content_ 6911086. htm。

③ 《国家统计局工业司统计师孙晓解读工业企业利润数据》，2023年7月26日，https：//www. stats. gov. cn/sj/sjjd/202307/t20230726_ 1941554. html。

高安全的生产过程，是推动工业转型升级的引擎，是实现由制造大国向制造强国转化的关键。2023 年以来，高端装备制造产业发展壮大，上半年，装备制造业利润同比增长 3.1%，实现由降转增，增速较第一季度大幅回升 20.8 个百分点。①

新材料产业是高新技术与设备制造的基础和先导，新材料是指新出现的具有优异性能或特殊功能的材料，或是传统材料改进后性能明显提高或产生新功能的材料。② 新材料产业包括新材料及其相关产品和技术装备的生产，具有技术高度密集、研发投入高、附加值高等技术特征和高性能化、多功能化、绿色化等发展趋势。《新材料产业发展指南》将新材料分为先进基础材料、关键战略材料和前沿新材料三大类，③ 根据其用途可分为先进钢铁和有色金属材料、半导体和超导材料以及纳米材料或生物医用材料等多种形式。新材料可应用于电子信息、新能源汽车、医疗器械、航空行业和建筑化工等多个领域，例如铝合金薄板等应用于 C919 大飞机，第二代高温超导材料支撑了世界首条 35 千伏公里级高温超导电缆示范工程上

① 《国家统计局工业司统计师孙晓解读工业企业利润数据》，2023 年 7 月 26 日，https://www.stats.gov.cn/sj/sjjd/202307/t20230726_1941554.html。

② 《新材料产业发展指南》，2017 年 1 月 23 日，https://www.miit.gov.cn/jgsj/ycls/wjfb/art/2017/art_e872aaf2fac945f5b5d4d642a11794ec.html。

③ 《新材料产业发展指南》，2017 年 1 月 23 日，https://www.miit.gov.cn/jgsj/ycls/wjfb/art/2017/art_e872aaf2fac945f5b5d4d642a11794ec.html。

网通电运行。目前，国内新材料产业发展蒸蒸日上，2022 年国内新材料产业总产值约 6.8 万亿元，较 2012 年增长了近 6 倍，成为稳定经济增长的重要支撑。①

生物产业是最具发展潜力与市场的产业之一，是战略性新兴产业可持续发展的重要表现和主攻方向。生物产业是以生物学原理为基础，结合相关技术手段对生物体特性进行研究并生产产品的产业，具有创新性强、市场潜力巨大和可持续发展等典型特征。生物产业包括生物医药、生物医学工程产业、生物农业及相关产业和生物质能等相关产业。② 生物产业可广泛应用于医疗保健、农业、环保、轻化工和食品等重要领域，实现如新型疫苗的研发、医疗设备的升级、优质和高产的动植物品种改善、生物燃气等能源的挖掘以及生态修复等技术产品的开发等相关工作，对于改善人类健康与生存环境、提高农牧业和工业产量与质量都发挥着越来越重要的作用。国内生物产业发展快速演进。《“十四五”生物经济发展规划》指出，党的十八大以来，我国生物经济发展取得巨大成就，产业规模持续快速增长，门类齐全、功能完备的产业体系初步形

---

① 《2022 年我国新材料产业总产值约 6.8 万亿元》，《黑龙江日报》2023 年 8 月 16 日。

② 《战略性新兴产业分类（2018）》，2018 年 11 月 7 日，https：//www.stats.gov.cn/xw/tjxw/tzgg/202302/t20230202_ 1893984.html。

成，一批生物产业集群成为引领区域发展的新引擎。生物领域基础研究取得重要原创性突破，创新能力大幅提升。生物安全建设取得历史性成就，生物安全政策体系不断完善，积极应对生物安全重大风险，生物资源保护利用持续加强，为加快培育发展生物经济打下了坚实基础。①

新能源汽车产业是新能源、新材料与新技术融合发展形成的特色产业，新能源汽车的新是指使用除汽油、柴油发动机之外的能源，不只是能源的新，新能源汽车还涉及向移动智能终端、储能单元和数字空间转变。多领域技术加速融合，推动电动化、网联化、智能化成为汽车产业的发展潮流和趋势。新能源汽车产业的发展能够有效带动能源、交通和通信基础设施改造升级，促进能源消费结构优化以及交通体系和城市运行智能化水平提升，对建设清洁美丽世界、构建人类命运共同体具有重要意义。② 2023 年中国新能源汽车产销量接近千万量级，培育形成了全球最大的新能源汽车消费市场，新能源汽车年销量达到 680 万辆以上，连续 8 年位居全球第一，新能源汽车已占

---

① 《国家发展改革委关于印发〈“十四五”生物经济发展规划〉的通知》（发改高技〔2021〕1850 号），2021 年 12 月 20 日，https：//www. gov. cn/zhengce/zhengceku/2022 - 05/10/content_ 5689556. htm。

② 《新能源汽车产业发展规划（2021—2035 年）》，2020 年 10 月 20 日，https：//www. gov. cn/zhengce/zhengceku/2020 - 11/02/content_ 5556716. htm。

汽车新车总销量的1/4以上，为全球汽车产业电动化转型注入了强大的动力。①

新能源产业是战略性新兴产业高质量发展的动力支柱。新能源包括太阳能、地热能、风能、海洋能、生物质能和核聚变能等，新能源产业是主要源于新能源的发现和应用所形成的产业。新能源产业的发展对于推动国家实现能源利用的安全和便利化以及落实碳达峰、碳中和目标任务具有重要作用。近年来，国内以风电、光伏发电为代表的新能源发展成效显著，装机规模稳居全球首位，发电量占比稳步提升，成本快速下降，已基本进入平价无补贴发展的新阶段。② 截至2020年年底，国内可再生能源发电装机达到9.34亿千瓦，占发电总装机的42.5%，风电、光伏发电、水电、生物质发电装机分别达到2.81亿、2.53亿、3.70亿、0.30亿千瓦，连续多年稳居世界第一，③ 实现能源安全保供和清洁转型双提升、双平稳。

节能环保产业是使用新能源、利用新技术实现绿色发展的重要环节。节能环保产业指为节约能源资源、发展循环经

---

① 《战略性新兴产业增加值占国内生产总值比重超13%　国家级先进制造业集群产值超20万亿元》，《人民日报》2023年7月6日第1版。

② 《关于促进新时代新能源高质量发展的实施方案》，2022年5月14日，http://zfxxgk.nea.gov.cn/2022-05/30/c_1310608539.htm。

③ 《"十四五"可再生能源发展规划》，2021年10月21日，https://www.ndrc.gov.cn/xxgk/zcfb/ghwb/202206/t20220601_1326719.html。

济、保护生态环境提供物质基础和技术保障的产业，涉及节能环保技术装备、产品和服务等，具有产业链长、关联度大、吸纳就业能力强的重要特征。① 具体来讲，生产中的清洁技术、节能技术以及产品的回收、安全处置与再利用等都是其重要表现。加快发展节能环保产业，是调整产业结构与转变经济发展方式的内在要求，是推动节能减排，积极应对气候变化，发展绿色经济和循环经济，抢占未来竞争制高点的战略选择。近几年，国内节能环保产业得到较快发展，已粗具规模。2010 年，国内节能环保产业总产值达 2 万亿元，从业人数为 2800 万人；② 2022 年，环保产业增加值为 3419 亿元，增速为 5.9%。③

数字创意产业是现代信息技术与文化创意产业逐渐融合而产生的一种新经济形态，以数字技术和先进理念推动文化创意与创新设计等产业加快发展，促进文化科技深度融合、相关产业相互渗透。数字创意产业以数字技术为工具，实现数字内容、视觉体验与创意服务的创新。近年来，虚拟现实

① 《“十二五”节能环保产业发展规划》，2012 年 6 月 16 日，https：//www.gov.cn/xxgk/pub/govpublic/mrlm/201206/t20120629_65266.html。

② 《“十二五”节能环保产业发展规划》，2012 年 6 月 16 日，https：//www.gov.cn/xxgk/pub/govpublic/mrlm/201206/t20120629_65266.html。

③ 《2022 年全国专利密集型产业增加值数据公告》，2023 年 12 月 29 日，https：//www.stats.gov.cn/sj/zxfb/202312/t20231229_1946085.html。

内容逐步丰富，视听体验不断提升，沉浸式体验、智能互动、VR 游戏、超感影院、混合现实娱乐等新形式广受欢迎，VR 看房和 VR 试衣等商业应用逐渐普遍。数字创意产业是高度体现创意思维的领域，具有较高的人才要求、创新要求和技术要求。近年来，数字创意产业快速发展。2022 年，我国文化新业态特征较为明显的 16 个行业小类实现营业收入 43860 亿元，比上年增长 5.3%，快于全部规模以上文化企业 4.4 个百分点；数字出版、娱乐用智能无人飞行器制造、互联网文化娱乐平台、增值电信文化服务和可穿戴智能文化设备制造等行业实现两位数增长，分别为 30.3%、21.6%、18.6%、16.9% 和 10.2%。①

相关服务业主要聚焦产业转型升级和居民消费升级需要，为战略性新兴产业的发展提供相关服务。包括新技术与创新创业服务（研发服务、检验检测认证服务、标准化服务、其他专业技术服务、知识产权及相关服务、创新创业服务和其他技术推广服务）与其他相关服务（航空运营及支持服务、现代金融服务）等行业，对于扩大服务业有效供给，提高服务效率和服务品质，构建优质高效、结构优化、强竞

① 《文博会跑出科技创新加速度》，2023 年 6 月 5 日，https：//whcy. gmw. cn/2023 - 06/05/content_ 36609516. htm。

争力的服务业新体系具有重要意义。

（二）发展战略性新兴产业的挑战与趋势

近年来，各地培育战略性新兴产业的动作不断加快，但同时产业布局乱、低水平重复建设导致的低端品种产能过剩问题，自主创新能力薄弱、产学研用合作不够紧密、人才团队缺乏导致的关键技术“卡脖子”问题，以及市场的政策法规体系不健全、要素市场建设不完善[①]导致的流通障碍等突出问题制约着战略性新兴产业的发展。

1. 面向国家与市场需要，加强顶层设计与产业布局

完善前瞻性顶层设计，将国家战略发展需要与地区产业发展优势相结合，优化产业空间布局，提升整体产业发展效能。充分发挥产业投资基金引导作用，防止低水平重复建设，有重点、有先后、有针对性地构建一批结构合理、各具特色且优势互补的战略性新兴产业。首先，要巩固原有产业发展优势，提升高铁、电力装备、新能源和船舶等领域全产业链竞争力，从符合未来产业变革方向的整机产品入手，打造战略性、全局性产业链。

其次，要实现重点领域与关键技术突破。推动物联网、

① 周文、许凌云：《论新质生产力：内涵特征与重要着力点》，《改革》2023 年第 10 期。

云计算和人工智能等技术向各行业全面融合渗透，推动信息技术产业跨越发展，拓展网络经济新空间；以智能制造高端品牌和航空、卫星、轨道交通装备强化促进高端装备制造突破，引领中国制造跨越式发展；以纳米材料、智能材料、仿生材料和新型超导材料等前沿材料布局为依托，加快新材料产业发展步伐；以重大临床需求生物医药、医疗设备、生物农业与生物制造为核心，以合成生物、基因操控和类脑智能为方向，引领生物技术和信息技术融合创新；以电动化、智能化和配套服务优化与突破电池成组和系统集成技术为动力，推动新能源汽车零部件与整车研发以及开发、营销与服务的一体化进程；以可再生能源开发、储能技术更新和能源互联网建设，铺垫安全、高效、优质与多元化的新能源产业发展之路；以循环经济理念为指导，以节能技术、系统集成和服务产业等为抓手，突破智能环保技术瓶颈，构建可持续发展新模式；以虚拟现实和增强现实技术为基础，推动以数字娱乐、在线教育与文化创意为主要内容的数字创意产业蓬勃发展，创造引领新消费；以数字化服务和服务模式的创新为路径，有效助力其他战略性新兴产业发展。

最后，促进战略性新兴产业集聚发展，构建协调发展新格局。既要推进培育国家战略性新兴产业集群，发挥规模经济优势，促进科教资源优势突出、产业基础雄厚的区域率先发展，起到引领示范作用；又要优化区域产业链布局，引导产业链关键环节留在国内，强化中西部和东北地区承接产业转移能力建设，构建协调、可持续发展的战略格局。

2. 提升自主创新能力，推动创新成果转化

发展战略性新兴产业的关键是核心技术创新。完善以企业为主体、市场为导向、产学研相结合的技术创新体系与创新成果转化机制是关键。以高校等科研机构为重点，加大基础研究投入，推动原创性创新成果的发展，构成科技创新的基础；以企业创新为主导，加强财税政策引导，激励企业增加研发投入，建设创新服务平台，推动企业应用研究发展，促进科技创新向产业发展的转化；以政府为保障，引导资金流向关键核心技术和前沿技术研究，营造有利的创新生态环境、产权保护和创新成果转化机制，把好战略性新兴产业发展方向；以国际合作为途径，加强引进消化吸收再创新，充分利用全球创新资源，突破关键核心技术；以人才培育为关键，加大高技能人才队伍建设力度，培养掌握交叉学科知识的复合型人才，完善人才评价机制，以才能和创新成果等绩效为主要标准优化人才收入机制建设，加大对具有重大社会效益创新成果的奖励力度。

3. 完善战略性新兴产业市场体系建设，需求引导产业变革

战略性新兴产业的发展不仅取决于技术突破，还取决于产品市场需求。要充分发挥国内市场需求巨大的优势，创新和转变消费模式，营造良好的市场环境，调动企业主体的积极性，推进产学研用结合。自由流通的全国统一大市场是培育和形成新质生产力的前提。原创性技术突破与技术创新成果的经济效益的发挥要经历从科研院所或高校走向市场的过程，实现这一转变的关键在于技术创新与市场需求之间的适配。规模庞大的市场需求，对于新兴技术演化为新产品、新兴产业和未来产业至关重要。大规模市场的存在有助于缩短技术从实验室到大规模生产的转化路径，从而促使“技术—产业”形成良性循环。因此，为推动战略性新兴产业的壮大，未来还需要破除地方市场割据，打破要素和产品进入壁垒，构筑全国统一大市场。充分发挥超大规模统一市场的独特优势，促进国内国际双循环，是激励战略性新兴产业和培育新质生产力的前提。

（三）发展战略性新兴产业的重要作用

1. 构建国际竞争新优势、掌握发展主动权

加快培育和发展战略性新兴产业是构建国际竞争新优势、掌握发展主动权的迫切需要。当前，全球经济竞争格局正在发

生深刻变革，科技发展正孕育着新的革命性突破，世界主要国家纷纷加快推动节能环保、新能源、信息产业、生物等新兴产业快速发展。战略性新兴产业处在科技和经济发展前沿，对经济社会全局和长远发展具有重大引领带动作用，在很大程度上决定着一个国家或地区的综合实力与核心竞争力。

2. 推进产业结构升级、加快经济发展方式转变

围绕新一代信息技术、新能源、新材料、高端装备制造、新能源汽车、绿色环保、民用航空、船舶与海洋工程装备等战略性新兴产业领域推动工业化、数字化、智能化深度融合，传统产业得以不断开创新业态和新模式，实现产业结构转型。高新技术、先进制造和数字化服务等领域的发展，颠覆性技术不断涌现，开辟新领域和新赛道，重新塑造产业发展的新动能、新优势，推动产业结构升级。生产方式向智能化、知识密集型和高附加值的经济模式转变，数字化和智能化推动资源配置效率和生产效率的不断提升，新材料、新能源的使用，使得高能耗、高污染的产业得以发展转型，通过引入绿色环保技术、循环生产流程等，加速国内经济发展方式转型，朝着更加创新、绿色、可持续的方向迈进。

3. 满足人民对美好生活的向往，保障和改善民生

新能源汽车、智慧车联网、无人驾驶技术等大规模普及

应用提升了人们出行的便利化；数字创意、虚拟现实、网络游戏和无线网络接入的全面覆盖，推动人们娱乐生活的丰富化；新能源、新材料和环保节能产品的逐渐普及，推动降低能耗、节约资源和减轻环境污染，实现人们生活环境的绿色化；在线课堂、互联网医院、智慧图书馆、智慧政务和智慧法院建设等逐渐铺开，扩大优质公共服务资源的覆盖人群范围，推动公共服务的平等化；先进生产技术和数智化设备使劳动者从机械重复性劳作中解放出来，推动人们走向自由而全面的发展。

4. 推动完善社会治理体系，提升治理能力

利用新一代信息技术建设执政能力、依法治国、经济治理、市场监管、公共安全、生态环境等多个层面的信息系统，提升跨部门协同治理能力。深化“互联网 + 政务服务”，完善国家电子政务网络，提升政务信息处理的速度和效率，增强政府信息公开与透明，构建反馈通道，推动全体公民参与社会治理，利用大数据辅助政府决策，提升政府治理能力。同时，利用新一代信息技术增强精准预测和灵活应对突发事件的能力，强化数字技术在公共卫生、自然灾害、事故灾难、社会安全等突发公共事件应对中的运用，有效提升了政府治理能力和治理效率。

三 未来产业

战略性新兴产业已经完成了对重大技术的探索，技术相对成熟。而未来产业着眼于人们对未来的畅想，正在创造新应用场景和新消费需求，具有较强的前瞻性和不确定性。未来产业是未来可能出现的战略性新兴产业，是未来可能的支柱产业。未来产业代表着未来科技和产业发展新方向，是在新一轮科技革命和产业变革中赢得先机的关键所在，其对技术和产业模式的颠覆性更强，产业发展不确定性大，培育周期长。在经济高质量发展过程中，应当超前规划和促进未来产业的发展，帮助国家抢占未来产业竞争的制高点，为经济高质量发展提供新的动力。

（一）未来产业分类与发展现状

《中华人民共和国国民经济和社会发展第十四个五年规划和2035年远景目标纲要》指出，要“在类脑智能、量子信息、基因技术、未来网络、深海空天开发、氢能与储能等前沿科技和产业变革领域，组织实施未来产业孵化与加速计划，谋划布局一批未来产业”。

1. 类脑智能方向

当前人工智能应用存在高耗能、训练困难、识别模糊、自主学习和自适应能力弱等问题，以致常被戏称为“人工智障”。类脑智能是人工智能发展的最终目标。顾名思义，类脑智能就是模仿人类神经系统的工作原理以实现低耗、快速、可靠的运算，是信息技术与生物技术相融合所形成的产业。类脑智能的实现既要求对脑有充分的认知，更倾向于生物医学领域的发展；也要求类脑计算模型和算法模拟人类大脑处理信息的过程，使机器以类脑的方式展现出人类的认知能力。国内类脑智能方向已有突破，清华大学研制出的类脑计算“天机芯”以及浙江大学联合之江实验室发布的包含1.2亿脉冲神经元、近千亿神经突触的类脑计算机等都是重要的成果。①

2. 量子信息方向

量子信息是新一代信息产业发展的重要方向，泛指利用量子物理学相关理论探索量子通信、量子计算和高精度测量等方向的研究与应用等。未来，量子信息的应用主要聚焦量子通信、量子计算和量子精密测量三个方向。② 量子通信聚焦于解决信息传输的安全问题；量子计算以量子比特为基本运算单元，能够突破经典算力瓶颈，优化算法过程，可应用于密码破

---

① 《我国科学家发布亿级神经元类脑计算机》，2020年9月1日，https://www.gov.cn/xinwen/2020-09/01/content_5539078.htm。

② 潘建伟：《更好推进我国量子科技发展》，《红旗文稿》2020年第23期。

译和人工智能等多个方面；量子精密测量，则更致力于提升测量的精确性和灵敏度。量子信息技术是一项颠覆性的科技创新，对于改变我们处理信息的方式、提升通信和计算的效率，以及推动科学研究等方面都具有深远的影响。

3. 基因技术方向

基因技术产业是以基因相关技术为核心支撑的未来生物产业。基因技术应用于很多领域，带来了极大的社会影响。基因技术可以推动将肿瘤细胞转变为健康细胞的研究进度，给部分遗传性疾病带来治愈的可能性。基因诊断和检测可以有效预测遗传性疾病的发生概率，影响生育决策的制定。基因合成技术的应用使得科学家可以自己设计并合成特定的基因，基因编辑则可以对现有基因序列进行修改，二者可以改造原有动植物品种或特性，对于培育优良品种、治疗遗传性疾病都有重要意义。基因技术的发展成为未来生物产业的核心驱动力，其发展需要医学、遗传学、生物学、大数据和计算机等多个交叉学科的知识体系相融合。当前国内该技术在检测胎儿是否存在遗传性疾病和抗旱抗寒等优质作物品种培育方面得以广泛应用。

4. 未来网络方向

未来网络是面向未来新需求的下一代信息通信网络。它可以实现高速普遍连接，无论你在哪里，它都可实现快速连接；它可以全方位联通，手机、电脑以及智能家居等各种智能设备都可接入网络；它可以智能化连接，可识别并满足主体不同需求，实现定制化、精准化服务。此外，未来网络还具有服务可靠、绿色低碳和安全可控等技术特征。① 未来网络是一种通用技术层面的技术创新，其与工业、交通运输、能源以及人工智能等领域相结合，又可以构建出工业互联网和能源互联网等新型未来产业的发展，起到极强的辐射带动作用。

5. 深海空天开发方向

深海空天开发是利用海洋与航空、航天技术所开拓的特殊条件和活动空间所进行的探索、开发和应用活动，② 涉及深海和空天两个维度。在深海开发层面，其侧重于深海工程设备的研发、深海资源的开发以及海洋生态保护等方面，如深海潜水器的制造、深海的勘探研究、深海矿产与生物资源的开发等。在空天开发层面，则更侧重于空天信息及装备领域的研究和应用，包括航天器、卫星、空间站等装备的研发和利用以及相关

---

① 潘教峰、王晓明、薛俊波等：《从战略性新兴产业到未来产业：新方向、新问题、新思路》，《中国科学院院刊》2023 年第 3 期。

② 潘教峰、王晓明、薛俊波等：《从战略性新兴产业到未来产业：新方向、新问题、新思路》，《中国科学院院刊》2023 年第 3 期。

信息技术和通信技术的发展。深海空天开发产业的发展不仅可以促进国内的经济发展与生活便利，其同样构成国家综合实力的重要组成部分，在国际竞争格局中处于重要地位。

6. 氢能与储能方向

氢能与储能是面向能源问题与绿色低碳转型的重要发展，是新能源产业与环保产业的未来发展形态表现之一，也是未来能源系统变革的重要组成部分。氢能是一种二次清洁能源，氢燃烧热值高，且燃烧的产物是水，其使用过程干净，零排放，对环境友好；氢广泛存在，资源丰富，利于可持续发展。清洁、高效和安全的氢能的开发和利用可为未来工业发展和交通运输各领域提供动力保障，实现绿色可持续发展。储能是指采用各种技术手段将能源储存起来，在需要时进行释放，如电池、充电宝起到的效果。储能技术的发展能够有效缓解能源出现季节差异、不稳定和不持续供给等问题，提高能源使用效率。氢能这个丰富的清洁能源与储能技术的发展相结合能够有效应对气候变化与能源资源储备不足的问题，实现低碳生产、持续生产与稳定生产。

（二）发展未来产业的挑战与趋势

目前，各国对于未来产业的布局仍处于相近的起跑线上，需要自主科技创新成果加以支持。国内当前原创性技术创新能力不足，对于类脑智能的解析与算法水平较低，量子信息设备支持与算力仍有缺陷，基因技术研究还待进一步深入，未来网络基础技术创新仍在研究，深海空天开发和氢能、储能技术都不够完善，基础研究投入不足，科研成果转化率不高，需要依靠内源性技术支撑，突破关键核心技术“瓶颈”。未来产业的发展需要高技能、高水平、拥有交叉学科知识体系的专业人才，其培养周期长、培养难度大，使得人才供给存在严重短缺。此外，对于新领域、新产业的监管和规制模式有待完善，既要激励其充分发展，推动资本进入与自由创新，推进开放，借鉴国外先进经验，也要考虑到其重要的战略意义，加强监管和规范运行。

1. 提高研发投入力度，增强原始创新能力

首先，构建中央政府、地方财政和社会资本相结合的多元资本研发投入渠道，精准投资于具有广阔未来发展前景的领域与项目，形成技术创新与未来产业的强大动能。其次，构建立体化多层次创新模式。以国家级创新平台和实验室为抓手，着力突破关键核心技术，并在类脑智能、量子信息、基因技术、未来网络、深海空天开发和氢能与储能技术等未来产业的核心领域，建立前瞻性、战略性、系统性的基础研究项目，加强基础研究。同时，构建政产学研多方主体协同高效的高水平科技

创新管理平台，对从项目申请、立项到成果转化的全过程进行协调和管理，通过撤销、合并、转向等多种方式避免重复性浪费，实现优势互补，推动科研成果转化为现实生产力，提高科技成果转化率。最后，在税收、知识产权和创新保护等方面建立综合政策体系，以更为灵活的政策手段激发企业创新主体的科技创新积极性，提供全方位的政策支持。

2. 培养和引进未来产业需要的交叉学科人才

根据未来产业的发展趋势和国家重大战略需求，明确产业发展所需人才的具体要求，在此基础上调整教育和人才培养体系，使其与实际需求相匹配。在教育层面，通过设立交叉学科专业或者课程等方式，培养学生的综合素质和跨学科思维能力。通过建设实验室、搭建创新平台和创新团队等实践项目，积极推进创新团队建设，提升学生的基础研究转化能力。通过与相关企业达成合作等形式，加强高校与企业的深度融合，通过给学生提供实习渠道等方式，培养学生的实践与创新应用能力，促使学校与企业更紧密地协同培养未来产业所需的交叉学科人才。在人才激励层面，改进人才评价指标体系，构建以科技创新质量、经济绩效与人才实际贡献程度为核心的新型评价体系与激励机制，注重培养一批视野开阔、勇于探索、具有科研热情与奉献精神的人才。以真正的原创性创新和重大技术突破为依据考核项目质量，为耗时长、投入大、产出慢的重要科研人员提供稳定的物质保障。

3. 创新未来产业监管模式，扩大对外开放

未来产业是新兴产业，需要大量的资金和人力的投入，其相应的管理模式也应不断创新，使其更灵活、适应产业发展需要。在处理创新与监管的关系时，既要避免过度监管而抑制创新的发展，也要避免因缺乏监管而出现的行业乱象。可引入底线管理的理念，在管控新领域的同时，确保技术的安全性和稳定性。例如，在人工智能领域，政府可更加注重使用伦理问题和数据安全问题的管理与保障，根据其行业新特征，不断创新治理模式，灵活处理各种复杂问题。在监管的基础上，注重扩大对外开放，推动技术创新的进步。当前中国与国际领先技术水平仍有较大差距，在发展未来产业的道路上，要加强国际合作，通过联合研究机构的设立，推动联合攻关核心技术，追赶国际领先水平。同时，鼓励外资和外来人才的引进，以直接引入未来产业核心要素的形式推动未来产业的创新发展。

（三）发展未来产业的重要作用

1. 立足新赛道，构建新优势，抢占发展先机

未来产业突破了传统认知和时空限制，引导市场主体向更先进的生产力聚集，催生了新产业新业态新模式，提升社会生

产力水平，拓展新的发展和生存空间。在未来产业赛道上，世界各国处于相同的起跑线上，都面临巨大的风险和不确定性，未来产业是未来科技和产业的发展方向，蕴含了巨大的生产潜力，对未来国民经济具有重要支撑和巨大带动作用。因此，其成为国家掌握下一轮发展机遇、抢占发展先机的重要渠道。对未来产业的提前部署，是培育未来新的经济增长点，构建高级化、智能化、绿色化和持续化的产业生产结构的重要方式，是推动产业融合、提升产业链附加值的重要途径，是国家培育发展新动能、赢得未来竞争新优势的关键举措。

2. 催生新应用，引领新需求，提升生活质量

未来产业依托新科技，发展新产业，引领新需求。未来产业不仅可以更好地满足人们的现有需求，还将创造新的应用场景和新消费需求。从智能家居到智能交通，未来人们将在更加便捷、智能化的生活环境中享受高质量的服务，提高生活品质。类脑智能的演进可以极大地提升人工智能的自主学习和模仿能力，推动低能耗、高速度、全方位地辅助学习、生产和生活，替代或简化部分工作，提升生活质量，提供更多空闲时间。量子信息技术的发展推动信息的安全和高效使用，保护公众隐私，提升使用体验。基因技术更是广泛应用于医学和农林牧渔等多个领域，保障人们的生命安全，并提供更高品质、更多类型的

消费品。未来网络营造全方位、立体化的网络连接环境，推动智能生活，实现产品和服务的个性化定制，满足人们多样化的需求。深海空天开发和氢能与储能产业的发展，以清洁能源、环保技术为依托实现绿色发展和环保目标，以营造良好的生存环境。

第五章 新质生产力发展的比较与借鉴——国际经验与中国实践

本章旨在深入研究发展新质生产力的国际上典型国家和国内先进城市，总结其先进经验，探索新质生产力的发展规律，为中国加速形成和持续发展新质生产力提供借鉴。

一 新质生产力发展的国际现状与趋势

当前，美国、德国、英国和日本的新质生产力发展水平相对较高，本节分别从高新技术、战略性新兴产业、未来产业等层面对这四个国家的新质生产力发展现状进行考察。

（一）新质生产力的国际发展现状

1. 美国

在高新技术方面，2020 年 10 月，美国国务院发布《关键与新兴技术国家战略》，明确了包括高级计算、人工智能、自主系统、量子信息科学等在内的 20 项重点技术清单。当前，从信息技术和软件开发来看，硅谷仍然是 IT 和软件开发的全球中心；从智能技术来看，美国是人工智能研究、开发和机器学习技术的领先者；从新能源技术来看，美国在光伏技术、风力涡轮机技术、先进电池等能源存储技术方面居于前沿位置，正在开发波能海水淡化技术、海洋能源脱盐技术、洋流测试技术等海洋能源技术；① 从 5G 技术来看，美国在高速、低延迟无线通信技术的开发和实施方面处于领先地位。

在战略性新兴产业方面，当前，美国在人工智能、机器学习、量子计算和先进半导体等信息技术方面保持全球领先地位；在芯片设计和先进制造方面仍然占据着绝对优势，拥有全球最先进和最完善的芯片产业链；在生物医疗行业，美国拥有基因组学、个性化医疗和尖端医疗技术，处于世界癌症医治和研究的领先地位；在高端设备开发方面竞争优势明显，机器人、自动化和精密机械领域创新成果持续显现；在新能源方面，正在改进储能技术并提高可再生能源系统的效率；在太空探索、卫星技术、商业和军用航空、海洋技术和海上能源勘探方面持续创新。

在未来产业方面，2019—2021 年，美国相继发布《美国将主导未来产业》《关于加强美国未来产业领导地位的建议》《未来产业法案（2020）》《未来产业研究所：美国科学与技术

① 孙嘉忆：《美国能源部资助了 7 项海洋能源技术》，《热能动力工程》2023 年第 9 期。

领导力的新模式》《2021 美国创新与竞争法案》等文件，提出未来将重点发展半导体芯片、通信技术、人工智能和航空航天四大领域。① 当前，美国人工智能、太空探索和生物技术等产业处于世界前沿；基因编辑、干细胞研究领域表现出了超强的创新能力，基因编辑技术全球领先。此外，美国正通过公私合作方式致力于空间技术、卫星开发以及未来载人月球和火星任务计划等的研究与开发工作。

2. 德国

在高新技术方面，2006 年以来，德国先后出台《高技术战略》《德国 2020 高技术战略》《新高技术战略》《高技术战略 2025》等战略规划，支持高新技术的创新与迭代升级。当前，以精密工程闻名的德国制造业越来越多地采用机器人和自动化技术来提高竞争力；从新能源技术来看，德国一直是风能和太阳能等可再生能源领域的领导者，正大力投资能源开发效率提升与环境保护等相关技术，能源系统转型方面取得了重大进展；从医疗技术来看，德国在诊断工具、医学成像和医疗保健解决方案方面持续取得创新成果。

在战略性新兴产业方面，一是先进制造，德国以“工业

① 袁明哲：《基于〈2021 美国创新与竞争法案〉的美国科技发展趋势与对策分析》，《江苏商论》2023 年第 9 期。

4. 0”为抓手，注重使用物联网、人工智能和先进机器人技术来提高工业生产率，其先进制造业具有世界级影响力，特别是在汽车和电气工程领域，宝马和西门子等公司因其技术先进而获得全球认可；二是新能源，太阳能、风能、生物质能、地热能、水力发电等开发利用居世界领先水平；三是绿色环保，2019 年其可再生能源发电量首次高于传统化石燃料发电量，根据其能源转型目标，到 2050 年，德国可再生能源占电力消费比重将达到 80%。①

在未来产业方面，一是大力投资数字基础设施、电动汽车充电设备和 5G 通信等，为未来产业孕育打造基础；二是通过前沿科技投资、筹备建设超级计算机、量子计算机等方式，积蓄数据计算能力、存储能力，力图在人工智能和量子信息等未来产业领域成为全球领跑者；三是计划投资 90 亿欧元促进氢能生产和使用，优化氢能基础设施布局，提升电解氢能力，以进一步巩固其氢能领先地位。②

3. 英国

在高新技术方面，伦敦、剑桥和曼彻斯特等城市作为全球

---

① 《补贴绿色电力生产企业　能源转型取得明显成效　德国可再生能源占电力消耗量一半以上》，《人民日报》2020 年 4 月 28 日。

② 石建勋、徐玲：《加快形成新质生产力的重大战略意义及实现路径研究》，《财经问题研究》2023 年 12 月 13 日。

著名的科技中心，吸引了一批初创企业、企业家和科技公司。当前，在金融科技方面，英国在移动支付、金融数据分析、网上银行、区块链等技术领域均领先全球；在人工智能方面，英国通过加强政产学研合作积极参与人工智能研究和开发，艾伦·图灵研究所等机构走在人工智能研究的前沿；在新能源技术方面，英国持续投资清洁能源技术、智能电网等，在可再生能源上取得了长足进步。此外，英国在生物技术和物联网等领域处于国际领先地位，在航空航天等领域优势明显。

在战略性新兴产业方面，英国制定了一系列战略性新兴产业发展规划，包括《英国生命科学战略》《英国工业 2050》《我们的增长计划：科学和创新》《国家量子技术发展战略》以及 2023 年的《先进制造业计划》。当前，英国航空航天产业具有较高的研发及制造水平，拥有航空发动机等拳头产品；生物制药产业加速发展，取得 DNA 双螺旋分子结构等系列划时代的成果；在人工智能特定应用领域以及 AI 伦理、治理和安全框架方面处于世界领导地位；软件研制开发能力较强；半导体产业发展迅速，在芯片设计、研究和化合物半导体等领域具备产业优势。

在未来产业方面，为重振创新经济，英国立足于创新能力、人才、基础设施、商业环境和地方经济五大优势部署未来产业发展：2014 年提出《新兴技术与产业战略（2014—2018）》；2015 年发布“英国量子技术路线图”和“英国动物替代技术路线图”；2016 年推出《英国合成生物学战略计划》；2017 年公布《产业战略：建设适应未来的英国》白皮书；2018 年成立研究与创新署（UKRI）；2019 年公布《第四次工业革命的监管政策》白皮书，成立了靶向医疗、化合物半导体等 13 个未来制造业的研究中心；2021 年出台“氢能路线图”。① 当前，英国通过全面的政策支持，主要聚焦量子计算、绿色低碳技术、未来飞行、机器人、卫星测试、无人驾驶、精准医疗等关键领域进行未来产业布局。

4. 日本

在高新技术方面，日本于 2016 年发布“第五期科学技术基本计划”，提出“超智能社会——社会 5.0”（以下简称“社会 5.0”）概念。围绕“社会 5.0”，出台了一系列支持高新技术创新的战略与政策，包括《综合数据战略》《科学技术创新基本计划 2021—2025》《综合创新战略 2021》《科学技术创新综合战略》《人工智能战略 2021》《量子技术创新战略》

① 中国社会科学院工业经济研究所课题组：《世界主要经济体未来产业的战略布局》，《新经济导刊》2023 年第 2 期。

《太空基本计划》《生物战略 2020》等。当前，日本在人工智能、机器学习和数据分析等信息技术、混合动力和电动汽车技术、机器人和自动化领域均处于全球领先地位，半导体技术也具有强大影响力。

在战略性新兴产业方面，日本重点关注人工智能、机器人、医疗保健、可再生能源、生物技术等战略性新兴产业的发展：一是财政、税收、补贴等多措并举，降低战略性新兴产业发展成本；二是政产学研通力合作，持续促进战略性新兴产业的技术创新与成果应用。当前，人工智能技术在机器人、自动驾驶、医疗领域取得突破性进展；工业机器人和服务业机器人渗透至制造业、医疗、保健和农业等各个领域；持续开发与应用太阳能、风能、地热能等新能源技术，持续培育生物质相关产业；生物技术领域具有领先的科研实力和创新能力；前沿材料与纳米科技一直处于世界领先地位。此外，日本在绿色环保、新型汽车等产业的发展也初见成效。

在未来产业方面，日本锚定量子信息、未来社会、半导体、数字产业、宇宙和海洋等未来产业，先后出台《光·量子跃迁旗舰计划》《未来投资战略 2018——迈向社会 5.0 和数据驱动型社会的变革》《半导体·数字产业战略》《量子未来社会展望》等政策。在量子信息产业重点布局量子信息处理、量子模拟器、量子计算机；未来社会重点在科技发展、医疗卫生、物流运输、农业水产以及防灾减灾等方面做好智能设施搭建和智慧社会建设工作；在数字产业方面，实施数字化战略，将包括半导体在内的数字产业基础作为国家重点事业予以大力推进。

（二）新质生产力的国际发展趋势

尽管其他国家没有在理论上提出新质生产力的概念，但近些年正在紧锣密鼓地部署和发展新质生产力。主要经济体在发展新质生产力方面具有以高新技术为内在驱动力、以战略性新兴产业承载发展速度、以未来产业承接发展潜力的三大趋向。

1. 以高新技术为内在驱动力

高新技术本身不是生产力，但是通过对生产力的三要素——劳动者、劳动对象和劳动资料的渗透作用，可对生产力产生颠覆性、革命性影响。在 2008 年国际金融危机、2020 年新冠疫情等的影响下，世界经济增长乏力，复苏缓慢。与此同时，新一代信息技术，特别是生成式人工智能取得突破性进展。在这一背景下，世界各国高度重视高新技术的生产力促进作用，主要经济体纷纷出台促进高技术发展与创新的战略规划，动态调整优化相关政策支持，集聚高新技术创新资源，培育高新技术创新人才，激发高新技术创新潜力，将高新技术作为新质生产力发展的内在驱动力，“科学力量全面融入社会生产力”成为世界大势和历史潮流。①

全球科技创新进入空前密集活跃的时期，前沿技术呈现集中突破态势，多个技术群相互支撑，全面涌现的链式发展局面正在形成。② 高新技术竞争将日趋激烈，从主要经济体的高新技术发展趋势来看，首先，高新技术领域资助、投资或创新高。从美国来看，2020 年拜登竞选时表示，美国将在 4 年内提供 3000 亿美元的联邦研发资金，大力促进先进材料、生物技术等科技产业发展。美国国家标准与技术研究院（NIST）计划 2019—2023 年每年投入 8000 万美元支持其基础研究、应用研究、基础设施建设、人才培养等活动；美国能源部（DOE）将资助建立 2—5 个 QIS 研究中心进行基础研究，在 2019—2023 财年为每个中心的拨款不超过 2500 万美元。③ 从欧盟来看，2021 年 3 月，欧盟委员会发布了《欧洲地平线 2021—2024》计划，宣布欧盟将在未来 7 年投入超过 955 亿欧元助力欧盟科技发展。

① 杨丹辉：《科学把握新质生产力的发展趋向》，《人民论坛》2023 年第 21 期。

② 《战略性新兴产业形势判断及“十四五”发展建议》（下篇），2021 年 1 月 12 日，https：//www. ndrc. gov. cn/xxgk/jd/wsdwhfz/202101/t20210112_ 1264810. html？ eqid = d7004003000028e0000000026475a2c1。

③ 中国社会科学院工业经济研究所课题组：《世界主要经济体未来产业的战略布局》，《新经济导刊》2023 年第 2 期。

从日本来看，2019 年度，日本在环境领域投入研发经费 12894 亿日元，在能源领域投入研发经费 11654 亿日元。

其次，高新技术人才竞争空前激烈。美国在从高等教育到职业教育全面培养人才的同时，重视吸引全球人才，多次修改《移民法》，放宽高技能人才的国籍、信仰、种族以及性别等限制。英国在《产业战略：建设适应未来的英国》中指出，将人才作为英国产业战略的五大基础要素之一。2020 年英国推出全球人才签证，发放数量将不设上限，旨在吸引世界上最顶尖的科学家、数学家、研究人员、技术人才。日本政府计划设立 10 万亿日元大学基金，用于构建世界一流水平的大学研发基本面，培育青年人才。

最后，信息技术、智能技术、新能源技术和绿色低碳技术将成为高新技术的重要发展方向。从主要经济体的高技术战略部署来看，人工智能、大数据、云计算、虚拟现实等领域仍旧是创新的热点，此外量子信息、第五代移动通信、物联网、区块链等新兴技术也在不断加快应用普及；机器学习、机器人、语言识别、图像识别、自然语言处理等人工智能（AI）技术持续突破；核能技术、太阳能技术、地热能技术、海洋能技术、生物质能技术等新能源技术，清洁生产、节能生产、污染控制与治理等绿色低碳技术将成为新时代高新技术发展的方向。

2. 以战略性新兴产业承载发展速度

在国际金融危机和新冠疫情后的深度调整阶段，世界主要经济体将把战略性新兴产业作为经济增长的主引擎。首先，新能源产业将成为主要经济体战略性新兴产业发展的共同方向。美国以《2009 年美国复兴与再投资法》《美国清洁能源安全法案》等政策文件推动新能源与绿色环保产业发展；日本通过《第四次经济刺激计划》《新经济刺激计划》等政策文件分别部署环保产业和节能产业；欧盟通过《欧盟能源技术战略计划》《发展“环保型经济”的中期规划》等政策文件推动发展新能源、环保产业与绿色产业；英国则以《英国低碳转型计划》及其配套方案《英国可再生能源战略》《英国低碳工业战略》《低碳交通战略》等推动绿色低碳产业发展。

其次，核心技术交叉融合成为战略性新兴产业发展趋势。战略性新兴产业的发展不是依靠单一的技术创新，而是越来越依赖关键技术群的共同发展。只有多学科各项技术之间交叉渗透、深度融合、协同创新，才能为战略性新兴产业提供坚实的可持续基础。其中，新一代信息技术通常作为各项技术以及战略性新兴产业发展的通用技术存在，生物技术、纳米技术、新材料技术之间，生物技术与新能源技术之间，新材料与新能源技术之间往往需要更广泛的协同、渗透、交叉和融合，从而催生或促进战略性新兴产业发展。

最后，世界级战略性新兴产业集群将不断涌现。战略性新兴产业是新兴技术与新兴产业相结合的产物，具有技术含量高、市场潜力大、带动能力强、综合效益优等特点，其发展不仅需要来自产业内部的新型设施、新型技术、新型人才等的要素保障与驱动作用，而且需要与其他产业形成基于基础设施、政策、流量等的集聚效应，基于技术创新、管理创新、模式创新等的外溢效应，更加需要形成从基础研发到成果转化，再到市场化应用的完整创新链，并加强创新链整合。只有这样，才能打破技术创新与产业发展的边界，实现从技术到产业的无缝对接。因此，各国在布局和推动战略性新兴产业的过程中，势必会形成世界级产业集群。

3. 以未来产业承接发展潜力

未来产业是后天的战略性新兴产业，为此，各主要经济体分别立足自身优势与特色前瞻性地布局未来产业。从较长时期来看，未来产业具有高成长性、战略性、先导性，是发展潜力最大的产业。从其发展趋势来看，首先，未来产业将更加绿色化、智能化和融合化。未来产业是符合绿色低碳要求，能够应对气候变化、能源危机的产业，据统计，2020 年已有近 30 个发达经济体将推动产业绿色化转型、加快绿色技术创新视为未来产业发展的重点，并在清洁能源、绿色交通、新能源汽车等领域加大资源投入；① 通过人工智能、量子技术、区块链、网络安全和大数据等关键技术驱动形成的新产业，是具有跨界融合、协同共生特点的产业。

其次，未来产业将重点聚焦人工智能、量子信息、生物与基因技术、生命健康、氢能、深海空天、未来网络等重点领域。从主要经济体当前未来产业布局情况看，美国重点布局半导体芯片、通信技术、人工智能、卫星开发、火星任务、先进通信网络、基因编辑、生物技术等领域；日本重点布局智慧社会、人工智能、量子信息处理、量子模拟器、量子计算机、超级计算机、大数据、卫星、清洁能源、生物技术、半导体等领域；英国重点布局量子计算、绿色低碳技术、未来飞行、机器人、卫星测试、无人驾驶、精准医疗等领域；德国重点布局智能制造、人工智能、清洁能源、数字化转型、超级计算机、量子计算机、电动汽车、氢能与储能等领域；欧盟则相继在人工智能、量子技术、自动驾驶、生物科技、低碳技术、数字健康、氢技

① 梁慎宁：《未来产业发展呈现新趋势》，《人民日报》2022 年 5 月 5 日第 15 版。

术、新一代通信、空天科技、纳米技术等领域布局。①

最后，未来产业的基础研究将不断增多、创新方式更加开源化和全球化。以未来产业培育推动形成新质生产力，需要以颠覆性、革命性和前沿技术催生新产业、新模式、新动能，而颠覆性、革命性和前沿技术来源于基础研究。因此，世界主要经济体在对未来产业这一战略制高点的争夺过程中，势必会高度重视基础研究，从政策、资金支持等方面多措并举鼓励基础研究。此外，颠覆性、革命性和前沿技术往往最具开发难度，在加大基础研究的同时，往往需要在全球范围内开源创新、协同合作的基础上才能取得重大突破和实质性进展。

二　中国实践

（一）北京：以创新创造创业优势发展新质生产力

1. 以科技企业孵化器赋能高新技术创新

北京立足国际科技创新中心和中关村世界领先科技园区、雄厚的人才资源、数量众多的一流高校和科研院所等技术创新优势，以科技企业孵化器为载体推动科技原始创新、科技成果转化、加速硬科技创业，面向世界科技前沿超前深

① 《未来产业发展趋势及前瞻性布局》，《人民论坛》2023 年第 16 期。

度孵化，打造具有全球影响力的开放创新生态。首先，以高水平孵化器加速原始创新资源的转化孵化，支持孵化器主动对接国家战略科技力量和顶级战略科学家团队等创新力量，围绕量子信息、生命科学、空天技术等前沿技术领域，激发和促进原始创新取得重大突破。其次，以高效能孵化器加速硬科技企业孵化，以科技创新领军企业与孵化器之间的深度合作，开放研发需求、市场订单、应用场景等资源，促进在孵企业进入领军企业的产业链、供应链，继而孵化系列硬科技企业。深度孵化关键技术链上下游企业，有效释放科技创新能量。最后，以新范式孵化器深度挖掘前沿技术，支持孵化器不断创新孵化范式，基于国家实验室、新型研发机构等创新主体组建国际一流创业孵化组织，挖掘具有转化价值的前沿技术，培育未来企业和早期颠覆性创业项目。① 当前，北京在自然语言、通用视觉、多模态交互大模型等关键算法技术上达到国际先进水平；微芯研究院获批牵头建设国家区块链技术创新中心；建设“中关村人工智能大模型产业集聚区”；发布总量612 TB的大模型高质量数据集；百度“文心一言”、智谱

① 《北京市人民政府办公厅关于印发〈北京市关于推动科技企业孵化器创新发展的指导意见〉的通知》（京政办发〔2023〕26号），2023年12月13日，https：//www.beijing.gov.cn/zhengce/zhengcefagui/202312/t20231218_3503041.html。

华章“智谱清言”等15个大模型产品通过备案并正式上线，大模型产品总数在全国占比超过六成。

2. 以构建高精尖经济结构驱动发展战略性新兴产业

2010年，北京出台《北京市关于加快培育和发展战略性新兴产业的实施意见》，通过加大资金支持力度、提升创新能力、优化产业布局、加强人才培养等多项政策措施，聚焦新一代信息技术、生物、节能环保、新材料、新能源汽车、新能源、航空航天、高端装备制造八大战略性新兴产业。① 在新一代信息技术、高端制造、生物医药、节能环保等产业成为拉动经济增长的重要力量的基础上，2021年，北京出台《北京市“十四五”时期高精尖产业发展规划》，为构建高精尖经济结构，以“一区两带多组团”为空间布局，规划做大新一代信息技术、医药健康两大国际引领支柱产业，做强集成电路、智能网联汽车、智能制造与装备、绿色能源与节能环保——“北京智造”四个特色优势产业，做优区块链与先进计算、科技服务业、智慧城市、信息内容消费——“北京服务”四个创新链接产业。该规划旨在到2025年，高精尖产业更加坚实，

---

① 《北京市关于加快培育和发展战略性新兴产业的实施意见》（京政发〔2011〕38号），2011年7月21日，https://kw.beijing.gov.cn/art/2011/7/21/art_2962_16142.html。

基本形成以智能制造、产业互联网、医药健康等为新支柱的现代产业体系，以集成电路、智能网联汽车、区块链、创新药等为代表的“北京智造”“北京服务”新名片；到 2035 年，基本实现产业治理体系和治理能力现代化，高精尖产业体系更加成熟，产业综合竞争力位居世界前列。①

3. 以未来产业策源地为目标培育六大未来产业

2023 年，北京以世界领先的未来产业策源地为目标定位，印发了《北京市促进未来产业创新发展实施方案》，锚定未来信息、未来健康、未来制造、未来能源、未来材料、未来空间六大领域，重点聚焦涵盖认知科学、神经工程、人机交互、类脑智能的脑科学与脑机接口领域，囊括量子测控系统等核心技术攻关、量子计算机研制、量子保密通信研究的量子信息领域，涵盖高数据容量光通信技术、光传感与大功率激光器器件研制等光电子领域，涉及石墨烯等纳米材料、生物医用材料、3D 打印材料（增材制造材料）、超导材料、液态金属、智能仿生材料等前沿新材料，涵盖碳追踪、碳捕捉与先进能源技术等的碳减排与碳中和领域，包括合成生物学、基因测序和

① 《北京市人民政府关于印发〈北京市“十四五”时期高精尖产业发展规划〉的通知》（京政发〔2021〕21 号），2021 年 8 月 11 日，https：//www. beijing. gov. cn/gongkai/guihua/wngh/sjzdzxgh/202108/t20210818_ 2471375. html。

基因编辑技术在内的生物技术与生命科学等领域。① 制定了未来产业发展时间路线图，力争到2030年，形成一批颠覆性技术和重大原创成果，培育一批行业领军企业、“独角兽”企业，培养引进一批战略科学家、产业领军人才、产业经理人和卓越工程师；到2035年，集聚一批具有国际影响力和话语权的创新主体，成为全球未来产业发展的引领者。

（二）上海：以科技创新为中心全面发展新质生产力

1. 基于全球科技创新中心发展高新技术

上海以建设具有全球影响力的科技创新中心为契机，以创新驱动发展为目标，以推动科技创新为核心，持续完善创新生态和开展国际科技合作。首先，完善创新生态，释放集群效应。张江高科技园区集聚了大量高新技术企业和研究机构，持续培育世界级新兴产业集群；徐汇人工智能发展集聚区，已有人工智能相关企业约710家；宝山区已集聚243家机器人上下游企业，一批优势突出、特色鲜明的机器人及智能制造企业正加速发展。② 其次，大力发展智能制造，增强数据赋能。机器

① 《北京市人民政府关于印发〈北京市“十四五”时期高精尖产业发展规划〉的通知》（京政发〔2021〕21号），2021年8月11日，https：//www.beijing.gov.cn/gongkai/guihua/wngh/sjzdzxgh/202108/t20210818_2471375.html。

② 李治国：《上海强化高端产业引领》，2023年12月1日，http：//district.ce.cn/zg/202312/01/t20231201_38813402.shtml。

人赋能智能制造，上海规模以上工业企业机器人密度已达 260 台/万人；制造业数据乘数效应充分释放，于 2021 年成立的上海数据交易所，已经实现挂牌数据产品 1700 多个，单月数据交易额超 1 亿元。最后，重视国际科技合作，融入全球创新网络。累计与五大洲 20 多个国家和地区签订政府间科技合作协议，“一带一路”科技创新行动计划已累计在 23 个国家共建联合实验室 28 个、国际技术转移与孵化服务平台 14 个，全脑介观神经联结图谱、国际人类表型组计划、国际大洋发现计划等大科学计划与工程正在加速酝酿并实施。①

2. 分级分类发展战略性新兴产业

为培育壮大新动能，上海以“创新引领、重点突破、融合发展、前瞻布局”为基本原则，持续培育和发展战略性新兴产业。首先，打造以“两极两带”为主体的战略性新兴产业空间布局，重点打造张江科技创新极，培育临港产业增长极，优化环中心城区的高技术服务产业带，发展环郊区的高端制造产业带。其次，打造重大专项工程，主要包括产业基础再造工程、产业创新基础设施工程、创新平台体系工程、

---

① 《上海：科技创新综合水平迈入全球主要创新型城市前列》，2022 年 9 月 21 日，http：//ah. people. com. cn/GB/n2/2022/0921/c401574 - 40133252. html。

领军企业培育工程等 6 个系统支撑专项工程；医企联合协同创新工程、新能源汽车跨越发展工程等 4 个重点领域专项工程。① 最后，分类分级打造产业集群，围绕集成电路、生物医药、人工智能三大先导产业打造世界级产业集群，围绕电子信息、生命健康、汽车、高端装备四大重点产业打造万亿级产业集群，围绕先进材料、时尚消费品两大重点产业打造五千亿级产业集群。②

3. 基于“六大计划”培育发展未来产业

上海明确其未来产业发展的最终目标为“打造未来产业创新高地、发展壮大未来产业集群”，提出布局未来健康、未来智能、未来能源、未来空间、未来材料五大方向，聚焦脑机接口、生物安全、合成生物、基因和细胞治疗；智能计算、通用 AI、扩展现实（XR）、量子科技、6G 技术；先进核能、新型储能；深海探采、空天利用；高端膜材料、高性能复合材料、非硅基芯片材料 16 个领域。未来产业培育的阶段性目标

---

① 《上海市人民政府办公厅关于印发〈上海市战略性新兴产业和先导产业发展“十四五”规划〉的通知》（沪府办发〔2021〕10 号），2021 年 6 月 23 日，https://www.shanghai.gov.cn/hqcyfz2/20230626/ce6173587592441fad406969ec21a872.html。

② 《上海市人民政府办公厅关于印发〈上海市推动制造业高质量发展三年行动计划（2023—2025 年）〉的通知》（沪府办发〔2023〕8 号），2023 年 5 月 18 日，https://www.shanghai.gov.cn/hqcyfz2/20230626/ad49fdee61f340ac95cb347fc201f91e.html。

为："十四五"时期重点布局光子芯片与器件、基因与细胞技术、类脑智能、新型海洋经济、氢能与储能、第六代移动通信等先导产业；① 到 2030 年，在未来健康、未来智能、未来能源、未来空间、未来材料等领域涌现一批具有世界影响力的硬核成果、创新企业和领军人才，未来产业产值达到 5000 亿元左右；到 2035 年，形成若干领跑全球的未来产业集群。为培育未来产业，上海将推出未来技术"筑基计划"、未来布局"领跑计划"、未来伙伴"携手计划"、未来场景"开源计划"、未来人才"雁阵计划"、未来生态"雨林计划"六大计划。②

（三）深圳：以"20+8"产业集群发展新质生产力

深圳统筹推进二十大战略性新兴产业集群和八大未来产业发展，以"一群一策"推动产业集群建设，加快形成新质生产力。

1. 以全过程创新生态链推动高新技术发展

深圳在发展高新技术方面具有独特的关键优势。首先，形成了"基础研究 + 技术攻关 + 成果产业化 + 科技金融 + 人才支

---

① 《上海市人民政府办公厅关于印发〈上海市战略性新兴产业和先导产业发展"十四五"规划〉的通知》（沪府办发〔2021〕10 号），2021 年 6 月 23 日，https://www.shanghai.gov.cn/hqcyfz2/20230626/ce6173587592441fad406969ec21a872.html。

② 《上海市人民政府关于印发〈上海打造未来产业创新高地发展壮大未来产业集群行动方案〉的通知》（沪府发〔2022〕11 号），2022 年 9 月 24 日，https://www.shanghai.gov.cn/202220zfwj/20221020/a529f1dc2dc44a689b9a1351e3d57083.html。

撑”全过程创新生态链，具备高新技术从基础研究到技术开发，再到成果转化与应用的先天优势条件。其次，重视基础研究策源能力，坚持不低于30%的市级科技研发资金投向基础研究和应用基础研究。最后，强化企业创新主体地位，实施企业上市发展“星耀鹏城”计划，培育壮大国家高新技术企业，打造一批国家级专精特新“小巨人”企业，大力培育“独角兽”企业，形成一批专注于战略性新兴产业集群的“隐形冠军”企业、创新领军企业、未来新兴企业。① 当前，深圳光明科学城粗具规模，河套深港科技创新合作区加快建设，国家超算深圳中心二期等世界级重大科技基础设施加快推进。目前，深圳各级各类创新载体达3600多家，包括1家国家实验室、13家全国重点实验室、5家国家级创新中心，以及鹏城云脑、国家超算深圳中心二期、脑解析与脑模拟等一批大科学装置。②

2. 以先进制造业为主体打造战略性新兴产业

深圳以创新为引领、以新型工业化为方向，大力发展先进制造、智能制造、绿色制造、服务型制造，全力打造和发展以

① 《深圳市人民政府关于发展壮大战略性新兴产业集群和培育发展未来产业的意见》（深府〔2022〕1号），2022年6月28日，https：//www.sz.gov.cn/zfgb/2022/gb1248/content/post_9918806.html。

② 胡健、程远州：《牵住科技创新“牛鼻子”下好产业部署“先手棋” 深圳积极培育战略性新兴产业和未来产业（加快形成新质生产力）》，《人民日报》2023年11月27日第1版。

先进制造业为主体的战略性新兴产业，重点布局新一代电子信息、数字与时尚、高端装备制造、绿色低碳、新材料、生物医药与健康、海洋产业七大战略性新兴产业，以及网络与通信、半导体与集成电路、超高清视频显示、智能终端、智能传感器、软件与信息服务、数字创意、现代时尚、工业母机、智能机器人、激光与增材制造、精密仪器设备、新能源、安全节能环保、智能网联汽车、新材料、高端医疗器械、生物医药、大健康、海洋产业 20 个战略性新兴产业集群。① 当前，以先进制造业为核心的战略性新兴产业已成为深圳高质量发展的核心引擎，全球每 7 台智能手机中就有 1 台是“深圳制造”，深圳通信基站产量占全球一半，生命信息与支持医疗器械产量占全球两成，消费级无人机产量占全球七成；以比亚迪为代表的新能源汽车产业成为深圳经济高质量发展的重要引擎，深圳已基本形成从正负极材料、电解液、电池隔膜到动力电池成品制造，从新能源汽车的电机、电控、电动总成、配套充电设施到整车制造，集研发、生产及销售为一体的完整产业集群；集成电路方面，正在开展全链条技术攻关和全品类制造；智能网联

① 《深圳市人民政府关于发展壮大战略性新兴产业集群和培育发展未来产业的意见》（深府〔2022〕1 号），2022 年 6 月 28 日，https：//www. sz. gov. cn/zfgb/2022/gb1248/content/post_ 9918806. html。

汽车方面，规划布局“新一代世界一流汽车城”；新型储能方面，全力打造世界一流新型储能产业中心。① 目前，深圳新一代信息通信等4个集群入选国家先进制造业集群，新型显示器件等3个集群入选首批国家级战略性新兴产业集群发展工程。②

3. 以“四链”融合培育八大未来产业

为推动未来产业发展，深圳立足自身发展实际，根据未来产业发展周期和规律，坚持全市统筹、差异布局、协同发展，实施基础研究强基工程、技术攻关突破工程、成果产业化加速工程、科技金融融合工程、创新人才汇聚工程五大工程，着力促进产业链、创新链、人才链、教育链“四链”深度融合，重点布局合成生物、区块链、细胞与基因、空天技术、脑科学与类脑智能、深地深海、可见光通信与光计算、量子信息八大未来产业，力争打造合成生物学研发基地与产业创新中心、区块链创新引领区、细胞与基因产业先导区、国内领先的空天技术产业研发与制造基地、脑科学领域发展制高点、深地深海科技创新高地、可见光通信技术与应用创新产业集群、粤港澳大

① 胡健、程远州：《牵住科技创新“牛鼻子”下好产业部署“先手棋” 深圳积极培育战略性新兴产业和未来产业（加快形成新质生产力）》，《人民日报》2023年11月27日第1版。

② 《深圳市人民政府关于发展壮大战略性新兴产业集群和培育发展未来产业的意见》（深府〔2022〕1号），2022年6月28日，https：//www.sz.gov.cn/zfgb/2022/gb1248/content/post_9918806.html。

湾区量子科学中心。[①] 当前，深圳合成生物、区块链、细胞与基因、空天技术四个未来产业处于扩张期，已粗具规模，5—10 年内有望实现倍数级增长；脑科学与类脑智能、深地深海、可见光通信与光计算、量子信息四个未来产业处于孕育期，10—15 年内有望成为战略性新兴产业中坚力量。[②]

（四）杭州：以数字之城打造新质生产力活跃之都

1. 以创新活力优势打造高新技术策源地

杭州始终以“高”和“新”为定位，把科技创新作为区域高质量发展的主引擎，推动新质生产力发展。首先，建设高能级科创平台，高水平建设国家自主创新示范区，以城西科创大走廊为主平台争创综合性国家科学中心和区域性创新高地，优化高新区体制机制，做强做优国家和省级经济技术开发区、特色小镇，积极培育一批差异化发展的高能级科创平台。其次，增强企业技术创新主体地位，完善全链条科技企业孵化体系，健全科技企业梯度培育机制，截至 2020 年，国家高新技术企业从 2015 年 1979 家增加到 7711 家，增长近 3 倍；省科技型中小

① 《深圳市人民政府关于发展壮大战略性新兴产业集群和培育发展未来产业的意见》（深府〔2022〕1 号），2022 年 6 月 28 日，https://www.sz.gov.cn/zfgb/2022/gb1248/content/post_9918806.html。

② 《深圳市科技创新委员会 深圳市发展和改革委员会 深圳市工业和信息化局关于发布〈深圳市培育发展未来产业行动计划（2022—2025 年）〉的通知》，2022 年 6 月 6 日，https://www.sz.gov.cn/szzt2010/wgkzl/jcgk/jcygk/zyggfa/content/post_9885763.html。

企业从6032家增加到14576家，增长1.4倍；[①] 鼓励和支持企业加大研发投入，支持企业加大关键核心技术攻关。最后，持续营造和完善创新创业环境，在优化区域自主创新体系、集聚国内外高层次人才团队、推进互联网大众创业、健全数字经济内生发展的动力机制等方面积累了一批可复制、可推广的创新制度、创新模式，构建了“产学研用金、才政介美云”十联动创业创新生态系统。[②] 目前，杭州“超重力场”“极弱磁场”两个大科学装置建设加快推进，全国重点实验室达18家。[③]

2. 以互联网之都优势打造战略性新兴产业

杭州立足互联网之都优势，聚焦发展新一代信息技术产业、生命健康、新材料、新能源、资源与环境、航空航天与海洋等战略性新兴产业，全力以赴推进新型工业化，发展新质生产力，培育发展新动能。首先，聚焦数字赋能，推动数字经济二次攀升。深入实施数字经济“一号工程”和“新制造业计划”，形成“双引擎”强大动能，持续推进“三化融合”，擦

---

① 《杭州市科学技术局　杭州市发展和改革委员会关于印发〈杭州市高新技术产业发展“十四五”规划〉的通知》（杭科高〔2021〕100号），2021年11月19日，https：//www. hangzhou. gov. cn/art/2022/2/10/art_ 1229541463_ 4016211. html。

② 《杭州市科学技术局　杭州市发展和改革委员会关于印发〈杭州市高新技术产业发展“十四五”规划〉的通知》（杭科高〔2021〕100号），2021年11月19日，https：//www. hangzhou. gov. cn/art/2022/2/10/art_ 1229541463_ 4016211. html。

③ 《数字之城，向“新”而兴——新质生产力的杭州实践观察》，2023年11月30日，http：//www. zj. xinhuanet. com/20231130/b4e3ab202fdd49ddb0af81f07f480bef/c. html。

亮打响“全国数字经济第一城”，建设全国数字经济高质量发展示范区。其次，打造五大产业生态圈，推动战略性新兴产业集聚发展。聚力打造智能物联、生物医药、高端装备、新材料和绿色能源五大产业生态圈，针对五大产业生态圈一一出台相应产业政策，实现“圈圈有政策”，不断用政策助力战略性新兴产业持续发展。2023 年 1—7 月，杭州招引的总投资亿元以上五大产业生态圈制造业项目 223 个，同比增长 214.1%；总投资 10 亿元以上五大产业生态圈制造业项目 42 个，同比增长 162.5%。① 最后，打造“3 + N”杭州产业基金集群，为战略性新兴产业提供全方位资金支持。由市政府主导，整合组建杭州科创基金、杭州创新基金和杭州并购基金三大母基金，由其参与投资 N 支行业母基金、子基金、专项子基金等，最终形成总规模超 3000 亿元的“3 + N”杭州产业基金集群。②

3. 以数智杭州优势塑造未来产业

厚植历史文化名城、创新活力之城、生态文明之都特色优势，紧紧围绕“数智杭州 · 宜居天堂”的发展导向，加快推动

---

① 唐骏垚、项吉羽：《杭州五大产业生态圈，圈圈有政策》，《浙江日报》2023 年 8 月 18 日第 2 版。

② 《杭州市人民政府办公厅关于打造“3 + N”杭州产业基金集群聚力推动战略性新兴产业发展的实施意见》（杭政办函〔2023〕48 号），2023 年 6 月 21 日，https://www.hangzhou.gov.cn/art/2023/6/28/art_1229736535_7683.html。

数实融合，培育未来网络、未来医疗、空地一体、元宇宙、类脑智能、前沿新材料六大未来产业。首先，构筑完善的生态系统提升未来产业科技创新能力，构筑技术、产业、应用互动融合和人才、制度、环境相互支撑的生态系统，加强产业共性关键技术研发，全面增强原始创新能力，加速构建先发优势，实现高端引领发展。其次，以链式结构促进未来产业培育，以"源头创新—成果转化—产品开发—场景应用"未来产业培育链为导向，串珠成链、加速聚集，着力打造引领全球的未来产业创新高地。再次，以分类施策优化未来产业布局。坚持产业、项目、平台、人才统筹规划、统筹布局、统筹推进。根据不同产业所处的不同发展阶段以及基础研究、技术研发、产业发展和行业应用的不同特点，制定差异化发展策略，有重点、有针对性地分类实施推进。最后，以共创共享理念促进未来产业开放合作。秉持开源理念，促进产学研用各创新主体共创共享。充分发挥长三角中心城市的区位优势，促进区域资源与市场的配对整合，探索建立跨区域产业协作机制。积极参与未来产业全球研发和治理，在全球范围内整合和优化配置创新资源。①

① 《杭州市人民政府关于加快推动杭州未来产业发展的指导意见》（杭政〔2017〕66号），2017年12月20日，https：//www. hangzhou. gov. cn/art/2018/3/8/art_1456877_4261. html。

(五) 成都：以新经济优势推进新质生产力发展

1. 新经济赋能培育高新技术新动能

成都坚持以新经济引领技术创新，重视科技创新及其成果转化，致力于创新驱动发展，布局科创前沿地带，抢占科技创新高地。为抢抓新一轮科技革命，成都加快发展新一代人工智能、下一代信息通信、新兴能源和材料技术等硬核科技，前瞻布局量子通信、生命健康、空天科技等前沿科技。首先，构建“1 + 6 + 7 + N”新经济政策框架，以专项政策措施促进以高新技术为核心的新动能培育。其次，开展场景营城，构建“城市机会清单”发布机制。建立“创新应用实验室”和“城市未来场景实验室”，开展新技术、新模式、新业态融合创新的场景实测和市场验证。2020 年，“城市机会清单”入选国务院办公厅深化“放管服”改革优化营商环境第一批拟推广十大典型经验做法。再次，聚焦科技创新能力提升，完善创新生态。从加快建设和完善新基建、强化要素供给体系、优化营商环境、强化品牌建设等方面营造创新生态。① 最后，构建“产品—技术—科研”逆向创新链条，重视科技成果转化支持工

① 《成都市“十四五”新经济发展规划》（成新经济〔2021〕38 号），2022 年 1 月 5 日，https://www.chengdu.gov.cn/gkml/cdsrmzfbgt/qtwj/1613191571891658752.shtml。

作，鼓励建设科技成果转化中试平台、打造成果转化服务生态集聚区、提升企业成果吸纳转化能力等。① 当前，成都已经拥有国家超高清视频创新中心、国家高端航空装备技术创新中心、国家精准医学产业创新中心等146个国家级科技创新平台，钇炭微球注射液等材料突破“卡脖子”技术实现新发展，手术机器人打破国外垄断，晶硅光伏太阳能电池片出货量全球第一，多模信号识别技术、高精度信号追踪算法等填补了卫星互联网通信终端的市场空白。②

2. “建圈强链”发展战略性新兴产业

成都以8个产业生态圈28条重点产业链为方向，首先，从“链条”到“集群”加速战略性新兴产业发展，以链主为关键抓手，发挥龙头企业和重大项目对产业链的整合力、供应链的掌控力以及创新链的溢出力。截至目前，成都已形成9个国家级产业集群。其中，成渝地区电子信息先进制造业集群、成都市软件和信息服务集群、成德高端能源装备产业集群三个

---

① 《成都市进一步有力有效推动科技成果转化的若干政策措施》，2023年7月14日，https：//www. chengdu. gov. cn/chengdu/ghnh1tfenfgqgrvdupfcumfbbre/2023 - 07/20/content_ 942fd567ba6b407a98a280c964bdac93. shtml。

② 《146个国家级科创平台集聚创新资源》，2023年12月4日，https：//cdst. chengdu. gov. cn/cdkxjsj/c108732/2023 - 12/04/content_ 76ca588e93df480d83c795c7a32f4849. shtml。

集群入选国家级先进制造业产业集群；成都市生物医药产业集群、成都市轨道交通产业集群入选国家战略性新兴产业集群；新都区航空大部件产业集群、温江区生物技术药产业集群、青羊区航空配套产业集群、武侯区微波射频产业集群入选国家中小企业特色产业集群。其次，布局和完善工业互联网，大力发展智能制造。近年来，成都通过多种途径探索制造业转型发展新模式，大力发展工业互联网，以智能工厂、数字车间等形式推动发展智能制造。当前，成都已经拥有 48 个智能工厂、110 个数字化车间、4 个国家级智能制造示范工厂、31 个优秀场景，2 家单位获评国家“数字领航”示范，建成 2 座全球“灯塔工厂”。① 最后，以“主要承载地 + 协同发展地”强化新经济空间赋能。成都市重视产业功能的空间布局，基于各区（市）县自身的实际情况和发展基础明确产业定位，以发展基础较好、未来成长性高和竞争壁垒尚未形成为原则，鼓励其布局细分领域，从而形成全市最大合力。

3. 聚焦六大领域 24 条赛道培育未来产业

成都以国家重大战略需求为出发点，立足自身产业基础优

---

① 《三组数据看成都制造业加速建圈强链》，2023 年 12 月 11 日，https：//www.chengdu.gov.cn/chengdu/c168222/2023 - 12/11/content _ 213933498a9040baa7ad97a769f9579d.shtml。

势，将重点培育前沿生物、先进能源、未来交通、数字智能、泛在网络、新型材料六大领域，布局基因及细胞治疗、数字诊疗、核医院、生物育种、合成生物、绿色氢能、新型储能、先进核能、飞行汽车、新一代无人机、空天动力、商业航天、超级高铁、类脑智能、元宇宙、柔性电子、先进计算及数据服务、人形机器人、卫星互联网、光芯片、6G、量子科技、高性能纤维及复合材料、先进碳材料 24 条赛道。以市场主导、企业主体、政府服务、精准施策为原则，从资金到载体全方位保障产业发展，将创新生态系统和场景实验作为未来产业孵化平台。具体实践中，主要以细分领域和核心攻关技术为抓手，例如，前沿生物近期重点培育基因及细胞治疗、数字诊疗、核医药等细分领域，攻关免疫细胞治疗、基因编辑、结构化疾病数据库等核心技术；中远期重点培育生物育种、合成生物等细分领域。泛在网络近期重点培育卫星互联网、光芯片等细分领域，攻关低轨卫星、高精度导航、光子集成等核心技术；中远期重点培育 6G、量子科技等细分领域，攻关太赫兹无线通信、量子通信、量子测量等核心技术。①

---

① 《成都市人民政府关于前瞻培育未来产业构筑高质量发展新动能的实施意见》（成府发〔2024〕2 号），2024 年 1 月 3 日，https：//www. chengdu. gov. cn/gkml/cdsrmzfbgt/qtwj/1193927427106013184. shtml。

（六）合肥：以科技攻“尖”优势促进新质生产力发展

1. 以打造全国科技创新中心为主线促进高新技术创新

合肥以打造全国科技创新中心为主线，坚持把科技自立自强作为高质量发展的战略支撑，立足国家实验室、合肥综合性国家科学中心、基础学科研究中心等战略科技力量，打造科技攻坚主阵地和成果转化新高地。首先，围绕合肥综合性国家科学中心建设，打造重大科技基础设施集群，依托大科学装置的定向性、建制化科学研究，构建“装置平台—基础研究—关键技术”一体化科研布局，聚焦量子科技、战略能源、先进环境技术等开展重大技术攻关。其次，把握世界科技前沿发展态势，打造高能级创新平台，创建国家基础学科研究中心，布局前沿交叉研究平台，争创国家级和省级创新平台，推动能源、人工智能、大健康、环境科学等重大综合性研究平台以及未来技术创新研究院高水平运行。再次，建设全国科创资源集聚中心，高水平建设大科学装置集中区、国家实验室核心区等一批科创空间载体，推动大科学装置集中区建设“中科院科技成果合肥转化基地”，推动建立综合性国家科学中心（科学城）联盟。最后，支持科技领军企业组建创新联合体，以关键核心技术攻关重大任务为指引，将产业链上下游优势企业、高等院校和科研机构有效组织起来，强化企业创新主体地位，推进产学研用协同创新。①

2. 以“三重一创”建设推动战略性新兴产业提质扩量

聚焦集成电路、低空经济、高端装备、新材料、人工智能、新能源汽车、节能环保、生物医药、新能源等发展战略性新兴产业。为推进战略性新兴产业提质增效，合肥统筹推进重大新兴产业基地、重大新兴产业工程、重大新兴产业专项建设，加快构建创新型现代产业体系。首先，设立“三重一创”建设专项引导资金，优化整合财政、科技和产业发展相关计划，向“三重一创”项目建设倾斜。对经认定的市级重大新兴产业基地、省级重大新兴产业基地，市级重大新兴产业工程、省级重大新兴产业工程，市级重大新兴产业专项、省级重大新兴产业专项，分别给予不同程度的专项政策和资金支持。其次，建设“三重一创”产业生态圈，鼓励人才向“三重一创”建设重点领域集聚，支持创新创业，开展“创响中国”年度创新创业大赛。最后，建设创新平台，支持协同创新。支持国家工程研究中心、国家重点实验室、国际联合实验室（研究中心）、国家地方联合工程研究中心、国家企业技术中

① 《合肥市“十四五”科技创新发展规划》，2022 年 3 月 7 日，https://www.hefei.gov.cn/public/1741/107453604.html。

心等的建设，鼓励高校、科研院所、企业、科研团队在合肥新建新兴产业关键共性技术研发和第三方检验检测平台，支持开展关键核心技术产业化协同攻关，全面提升产业链、供应链的安全性和自主性。①

3. 以优化创新生态为核心培育发展未来产业

合肥以优化创新生态为引领，重点布局量子信息、类脑智能、生物制造、先进核能、高温超导储能、超高场磁共振成像、精准医疗、大基因等未来先导产业。首先，启动实施“培育+引进”战略，加快培育一批未来产业“独角兽”企业，同时，面向未来产业，加大人才引进和培养力度。其次，加快科技创新服务体系建设，构建覆盖科技创新全链条、产品生产全周期的创新创业服务体系，发挥国家“双创”示范基地载体作用，培养科技服务人才。再次，优化科技金融发展环境，申创长三角区域科创金融改革试验区，设立各类产业投资基金、股权投资基金、科技创新基金、科技成果转化引导基金等积极探索中小企业贷款风险分担与补偿机制。最后，打造“科大硅谷”，构建科产城融合的创新生

① 《合肥市人民政府办公室关于印发合肥市支持“三重一创”建设若干政策的通知》（2018〔03〕01 号），2020 年 11 月 20 日，https：//www. hfyaohai. gov. cn/public/17921/104944821. html。

态。以中国科学技术大学为标识，汇聚全球创新人才、科技型企业、新型研发机构、科创服务机构，以极具活力、引领未来、享誉世界的创新之谷带动促进创新成果转化、创新企业孵化、创新生态优化。当前，在合肥“科大硅谷”核心区，“源头创新—技术开发—成果转化—产业集聚”的量子信息未来产业生态圈已经形成，2021 年，量子核心企业营业收入达到了 6.6 亿元，较 2020 年增长 53%。[①]

三　经验总结

（一）国外经验借鉴

1. 瞄准新质生产力的发力方向与空间布局

从新质生产力的发力方向来看，量子计算技术、人工智能技术、新能源技术、生物医疗技术等成为高新技术重点发力方向；新一代信息技术产业、先进制造业、生物技术与生命健康产业、高端设备产业、新能源产业、绿色环保产业、空天深海产业、新材料产业等成为战略性新兴产业重点发力方向；人工智能与机器人产业、量子信息科学产业、合成生物产业、基因

---

① 《“科大硅谷”建设实施方案印发》，2022 年 6 月 22 日，https：//www.hfss.gov.cn/public/19571/107924121.html。

编辑与细胞治疗产业、航空航天产业、氢能产业成为未来产业重点发力方向。从空间布局来看，美国以硅谷（加利福尼亚州）为主要技术创新中心形成创新集聚区；同时，以波士顿、西雅图和奥斯汀等地为中心聚集众多科技公司和初创企业，形成创新聚集区。德国以柏林为科技和创新中心，汇聚众多初创企业和技术公司总部或研发中心；同时，慕尼黑、汉堡和斯图加特等城市也在科技和工程方面扮演重要角色。英国主要集中在伦敦和剑桥地区，伦敦是全球金融和商业中心之一，也是科技和创新的重要枢纽；剑桥则以其优秀的大学和科研机构而闻名，吸引了许多高科技公司和创业者。日本高新产业主要分布在东京、大阪和名古屋等城市，东京是日本的政治、商业和创新中心，拥有许多科技公司和研发中心，大阪和名古屋则在制造业和工程方面具有重要地位。

2. 加大新质生产力的支持力度

为促进新质生产力的发展，各主要经济体依据未来发展目标推出了一系列战略规划、政策框架，从顶层设计到行动计划，从市场构建到企业培育，着力加大新质生产力发展的支持力度。从促进高新技术创新与发展来看，各主要经济体实施了包含资金扶持、政策支持、企业培育、人才培养等各方面的综合性政策手段，激发创新活力，推动解决科技成果转化障碍。

英国建立了多个科研基金和科研合作平台；美国政府通过法律、行政命令等方式设立了一系列鼓励高新技术发展的政策框架；德国实行双元制教育，强化职业教育与企业实践结合，为高新技术产业发展培养专业人才，同时重视隐形冠军企业培育，促进中小型企业在细分领域深耕，与大公司形成互补。日本通过政府引导，集中资源在少数具有竞争优势的高新技术领域。从战略性新兴产业和未来产业培育和发展来看，各国均出台了相应的产业政策。其中，美国的产业扶持政策多以立法的形式为前提，以改善企业融资环境为主要手段；德国以“工业 4.0”为抓手，其产业政策服务于实体经济，且聚焦于实体经济；英国以重振创新经济为宗旨和目标，针对重点战略性新兴产业和未来产业及其关键支撑技术分别出台相应的产业政策；日本以“社会 5.0”为核心制定产业政策，政策之间耦合性强。

3. 突出本国新质生产力的优势特色

从高新技术、战略性新兴产业和未来产业三个层面挖掘世界主要经济体在发展新质生产力方面的共性经验发现，每个国家或经济体都在突出本国发展优势的基础上形成了新质生产力特色发展模式，并能够在全球经济发展、科技进步乃至新的科技革命演进背景下，适时调整以适应国际形势变化，形成本国特色发展模式。德国基于制造业优势形成了“工业4.0”模式：大力发展人工智能技术，集中于智能制造，通过高度数字化和自动化的生产流程，提高生产效率和质量。美国基于其在高科技产业和创新领域的显著优势形成了硅谷模式：依托强大的创新体系和风险投资，促进了科技企业的快速成长，推动了信息技术、生物技术等产业的发展。英国突出其在金融服务、创意产业和教育领域的优势形成了开放创新模式：鼓励企业外部合作，利用外部资源进行技术创新。一方面构建国内知识转移伙伴关系，鼓励高校、研究机构与企业之间的合作，促进研究成果的商业化；另一方面重视全球伙伴关系的建立，与其他国家建立研究和技术合作伙伴关系，加速知识交流和技术转移。日本基于其在制造业、科技创新和高品质产品方面的优势形成了“单一窗口”服务模式：简化行政程序，提供一站式服务，简化新技术和新产品上市流程。

4. 营造有利于新质生产力发展的文化环境

为激发创新，发展战略性新兴产业，培育未来产业，争夺第四次科技革命的战略制高点，各主要经济体都非常重视营造有利于新质生产力发展的文化环境和创新氛围，特别是注重鼓励创新、支持创业、加强合作与联合研究。美国市场相对开放，允许自由竞争和创新，同时提供了知识产权保护体系和专利制度，保护创新者的权益；注重鼓励创新和冒险精神，鼓励个人和企业不断追求新的发展机会和技术突破，推行宽容创新的包容文化，鼓励失败，容许多次尝试，形成了大胆创新的社会氛围。德国营造精益求精的制造氛围，注重传统的工匠精神，强调产品与技术的精确度和可靠性，追求高质量的创新成果，并重视教育培训以及行业标准的制定和实施；德国还注重各领域之间的合作与联合研究，推动学术界、产业界和政府之间的合作，促进技术创新和转化。英国拥有多元的文化背景和人才资源，通过吸引全球优秀人才，形成了一个多元化、开放的创新生态系统；鼓励创业文化，出台了灵活的法规和税收政策，支持初创企业的成长，并建立了一系列的创业孵化器和科技园区；重视营造自由竞争的创新氛围，支持市场环境开放，鼓励公平竞争，形成了较高的创新效率。日本注重长期经营理念，重视持续改善的创新创造环境，注重过程改善和产品完善，注重产品质量和用户体验，倡导持续的小步快跑式创新。

（二）国内先进城市经验借鉴

1. 以“科创中心 + 产业集群”模式布局发展新质生产力

新质生产力的先进城市，往往会将科技创新中心集中在部分创新资源优势区域，形成一个或多个科技创新中心，打造创新策源地；同时，推动形成高新技术、战略性新兴产业和未来产业集群，以集群化发展完善配套设施，释放技术创新、产业升级外溢效应，增强自主创新能力，提升产业竞争力，驱动发展新质生产力。例如，北京以中关村科技园等为科技创新中心，以“一区两带多组团”为空间布局，正在推动建立人工智能技术产业集群、绿色环保产业集群、文化创意产业集群；上海以张江高科技园区等为科技创新中心，集聚了大量高新技术企业和研究机构，持续培育徐汇人工智能发展集聚区、宝山区机器人及智能制造企业等世界级新兴产业集群；深圳以光明科学城等为科技创新中心，推动“四链融合”，发展“20＋8”产业集群；杭州以未来科技城、浙大杭州科创中心等为中心，打造“学术—研发—孵化—产业”四大模块有机组合的创新生态链条，打造五大产业生态圈，推动战略性新兴产业集聚发展。

2. 以人力资本积累积淀新质生产力竞争优势

践行“创新驱动实质上是人才驱动”的真理，新质生产力先进城市重视人才培养和引进工作，推动形成一流高校和研究机构，以良好的教育和科研环境培养和留住高素质人才，以多项优惠条件积极引进国内外优秀人才，积淀了雄厚的人力资本，以人力资本优势推动形成高新技术、战略性新兴产业、未来产业优势，进而为新质生产力发展注入人才动能。例如，北京启动“英才计划”“青年人才托举工程”等，旨在培养基础学科拔尖创新后备人才，促进青年人才快速成长；上海实行“东方学者”和“浦江人才”计划，旨在支持优秀人才在教学、科研和学科建设等方面取得佳绩，加强高技能人才队伍建设；深圳推出“孔雀计划”和“深圳高层次人才入户政策”，实施更加积极、更加开放、更加有效的人才政策，不唯地域引进人才、不问出身培养人才、不求所有开发人才、不拘一格用好人才、不遗余力服务人才；杭州推出“人才强市”战略、“人才新政27条”、“钱江人才”、“杭州市‘五个一工程’人才计划”、“千人计划”产业园等，为世界顶尖人才、国家和省级的高端人才甚至是“偏才”“专才”提供多方面优惠政策。

3. 以创新生态凝铸新质生产力进步灵魂

为凝铸新质生产力的创新灵魂，先进城市往往会搭建创新平台，提供孵化器、加速器等创业支持，建设创新园区、科技孵化基地等，为新质生产力的创新提供载体；以产业需求为导向组建“创新联合体”，着力营造和完善全过程多领域高层次创新生态系统，为新质生产力的创新提供全链条支持；持续进行制度创新，以制度创新鼓励新技术、新业态、新模式、新产业的衍生与裂变，为新质生产力的创新提供环境支持；实施创新人才汇聚工程和奖励制度，建立人才跟踪培养机制，长期稳定支持一批取得突出成绩且具有明显创新潜力的青年人才，加大青年科技奖奖励力度，实行提名制，激励和释放科研人才创造力和创新力，为新质生产力的创新提供人才支持；建立金融资本联动机制，实施科技金融融合工程，建立覆盖种子期投资、天使投资、风险投资、并购重组投资未来产业的基金体系，引导社会资本投资未来产业科技创新类项目，为新质生产力的创新提供资金支持。

4. 以开放合作保持新质生产力发展活力

新质生产力先进城市重视技术与产业的开放创新、广泛合作，鼓励本地企业引进国内外先进技术和人才，促进技术的合作开发、跨界融合与协同创新。这种合作既包括基于全国统一大市场的内部合作，又包括基于世界市场的国际合作。前者突出体现在这些城市重视产学研结合、加强产学研平台对接，积极鼓励企业、高校和科研机构之间进行合作，为此，建设了一系列的科技园区和创新基地，提供优惠政策和资源支持，吸引各方参与合作。同时，这些城市还举办各种创新创业大赛和论坛，为产学研合作提供平台，促进交流和合作发展。这样，从创新链、资金链到产业链、供应链，形成完整闭环，从而有利于激发创新，并将创新成果进行转化与应用。后者突出体现在积极与国外的高校、研究机构和企业建立合作关系，共享科研成果和资源；吸引跨国公司在当地设立研发中心，推动国际技术转移和创新合作；参与国际性的创新合作项目和科技交流活动，加强与其他国家和地区的合作。

作者简介

盖凯程，教授、博士生导师。西南财经大学经济学院院长、习近平经济思想研究院副院长（兼）、马克思主义经济学研究院副院长、全国中国特色社会主义政治经济学研究中心副主任、习近平经济思想与四川实践研究中心主任，四川省学术与技术带头人。兼全国自考专委会委员、中国《资本论》研究会常务理事、全国马克思列宁主义经济学说史学会常务理事、全国高等财经院校《资本论》研究会副秘书长、四川省中国特色社会主义理论体系研究中心“百人专家库”成员等。在《马克思主义研究》等权威期刊公开发表论文四十余篇，主持国家社会科学基金项目、教育部人文社会科学研究一般项目、四川省哲学社会科学规划重大项目、四川省委重大项目，以及参与承担中央“马工程”重大项目、国家社会科学基金重大和重点项目、教育部哲学社会科学研究重大课题攻关项目等三十余项，主著（编）、参著（编）专著、教材、研究报告等十余部。获教育部高等学校科学研究优秀成果奖二等奖、国家级教学成果奖二等奖、四川省社会科学优秀成果奖一等奖、四川省教学成果奖特等奖和二等奖等。

韩文龙，教授、博士生导师。西南财经大学经济学院副院长，国家级高层次人才计划、省级高层次人才计划和校级高层次人才计划入选者，四川省经济学会副会长。主要研究方向为马克思主义政治经济学和数字经济等。近年来在《中国社会科学》《马克思主义研究》等期刊发表论文一百余篇，其中被《新华文摘》以及人大复印报刊资料等转载二十余篇。在《光明日报》《经济日报》以及人民网等发表评论性文章一百余篇，出版专著四部，参著多部。主持国家社会科学基金项目四项，其中重点项目两项，主研国家社会科学基金和自然科学基金项目多项。获教育部高等学校科学研究优秀成果奖二等奖、国家级教学成果奖二等奖；陕西省第十四次哲学社会科学优秀成果奖一等奖、四川省第十八次社会科学优秀成果奖一等奖、四川省教学成果奖特等奖等。撰写的相关资政报告获得国家领导、中央统战部、教育部、省政协等批示或采纳。